APPEL

AUX VÉRITABLES AMIS

DE LA PATRIE,

DE LA LIBERTÉ ET DE LA PAIX.

APPEL
AUX VÉRITABLES AMIS DE LA PATRIE, DE LA LIBERTÉ ET DE LA PAIX;

OU

TABLEAU

Des principaux résultats de l'Administration des Consuls et des ressources actuelles de la République Française.

> C'est la *modération* qui gouverne les hommes, et non pas les excès...., j'entends celle qui est fondée sur la vertu, non pas celle qui vient d'une lâcheté et d'une paresse de l'ame..... Les grands hommes modérés sont rares,.... L'esprit de *modération* doit être celui du législateur; le bien politique, comme le bien moral, se trouve toujours entre deux limites.
>
> MONTESQUIEU, *Esprit des lois*, liv. 22, chap. 22; liv. 3, chap. 4; liv. 28, chap. 41; et liv. 29, chap. 1.

A PARIS,

Chez LEGER, Libraire, Quai des Augustins, n°. 44.

Et se trouve chez tous les Marchands de nouveautés.

GERMINAL, AN 9. (1801, *v. s.*)

AVANT-PROPOS.

« Le projet de réformer un Etat dans son organisation politique, dit Machiavel (*a*), suppose un citoyen généreux et probe ». Et il rappelle et propose aux siècles à venir les exemples des *Cléomènes*, des *Romulus*, des *Dion*, des *Timoléon*, des *Epaminondas*. Il montre à ceux, qui sont placés par leur destinée dans de semblables circonstances, comment les intérêts bien entendus de leur véritable

---

(*a*) Discours sur Tite-Live, liv. Ier, ch. 18. *De quelle manière, dans un Etat corrompu, on pourrait conserver un Gouvernement libre, s'il y existait déjà, ou l'y introduire, s'il n'y était pas auparavant.* (Œuvres de Machiavel, traduites par Guiraudet, tome Ier, pag. 117 et 122.)

gloire se confondent nécessairement avec la bonté et la stabilité des institutions qu'ils donnent à un peuple.

La gloire n'est que l'estime publique prolongée dans les siècles. Elle ne s'accorde qu'aux plans vastes et durables et aux bienfaiteurs de l'humanité....

En attendant que le burin immortel de l'histoire grave pour la postérité les évènemens militaires et politiques, dont nous avons été témoins, il appartient aux contemporains de se rendre compte de ce qu'ils ont observé à différentes époques, d'examiner ce *ce qui a été fait* et *ce qui reste à faire*.

Au moment surtout où la paix vient remplir tous les vœux et fixer toutes les espérances; quand la République Française est appelée à jouir de tous les genres de bonheur et de gloire; quand des jours de repos et de liberté doivent succéder à de longues périodes d'agitations et de troubles, il n'est peut-être pas sans utilité pour les Français de porter un regard attentif sur la carrière qu'ils ont parcourue et sur celle où ils vont entrer.

C'est un tableau vaste et magnifique que le *tableau des principaux actes et des résultats de l'administration des Consuls*, *depuis une année.*

C'est également un sujet digne de toutes les méditations et de toutes les recherches des amis de la Patrie, que *l'examen des ressources immenses*, *qu'offre aujourd'hui la République Française à ses citoyens et à son Gouvernement.*

Calculer le parti le plus convenable

et le plus sage à tirer de ces ressources, montrer *quels sont les véritables intérêts du peuple et de ceux qui le gouvernent*, c'est sans doute une tâche supérieure aux efforts d'un citoyen ordinaire, et surtout de celui qui, depuis neuf années, associé successivement aux courses lointaines et aux travaux glorieux de plusieurs des armées Françaises, a pu, moins facilement qu'un autre, méditer sur les questions politiques, sur les opérations des Gouvernemens et sur les moyens d'assurer la prospérité intérieure des Etats.

J'ose néanmoins entreprendre cette tâche difficile; et, au milieu des applaudissemens unanimes et des élans de joie qui accueillent la proclamation de la paix, j'essaie de réunir les matériaux des différens actes qui l'ont préparée, et d'indiquer les moyens qui pourront l'affermir.

Heureux, si cette faible esquisse, inspirée par l'amour de la Patrie, et qui aurait demandé plus de tems et plus de talens pour être un ouvrage digne du sujet, peut donner plus de motifs encore à tous les Français d'aimer la République et son Gouvernement, et plus de force à ces deux vérités, qui doivent présider à l'esprit général des nations Européennes:

La France entière, dont la paix seule peut développer les ressources et assurer le bonheur, est essentiellement intéressée au maintien du Système Républicain, à la conservation du Gouvernement Consulaire, à l'existence de son premier Magistrat. — L'Europe entière, dont la tranquillité ne peut être consolidée que par la durée de la paix continentale et par un juste contre-poids des Gouvernemens de différente nature, est essentiellement intéressée à la conservation de la République Française.

TABLE DES MATIÈRES.

1. PRÉAMBULE. Page 1
2. *De la paix.* 2
3. *But de cet écrit.* 4
4. Idées générales sur la Révolution. 5
5. COUP-D'ŒIL SUR L'AN 8. 7
6. Extérieur. *Armées.* Ibid.
7. *Actes diplomatiques.* 8
8. *Précis sur l'expédition d'Égypte.* 12
9. Intérieur. 26
10. *Conduite politique.* 27
11. *Pacification de la Vendée.* 30
12. *Quelques actes du Gouvernement.* 31
13. *Biens nationaux.—Finances.* 32
14. *Commerce et industrie.* 37
15 *D'un Conseil de commerce.* 39
16. *Quelques idées d'administration intérieure.* 41

17. DE LA FRANCE MONARCHIQUE ET DE LA FRANCE RÉPUBLICAINE. Page 49

18. *De la population.* 51

19. *De l'emploi des hommes.* 57

20. *De l'emploi des talens.* 65

21. *Résultats généraux de la Révolution.* 68

22. *Précis des causes qui ont amené la révolution et créé la République.* 73

23. *Apperçu des motifs qui intéressent tous les Français au maintien de la République, résultat de la révolution.* 75

24. Derniers efforts de l'Angleterre. 84

25. Résumé sur notre situation, et principes généraux de gouvernement. 88

26. CONCLUSION. — *Vérités générales.* 98

Fin de la Table des Matières.

TABLE INDICATIVE

DES NOTES.

1. Traité de paix de Lunéville. Page 107
2. Quelques actes diplomatiques des Consuls. 120
3. Influence de l'Angleterre à Constantinople. 121
4. Rapprochement entre l'armée d'Alexandre et l'armée Française en Egypte. 122
5. Aveu de *Dumouriez*. 123
6. Proclamation de *Bonaparte* en Italie. *ibid.*
7. Beau trait de *Sidney Smith*. 126
8. Lois relatives à l'armée d'Orient. 127
9. Sur l'arrêté des Consuls, qui a supprimé plusieurs journaux. 128
10. Sur la marine. *ibid.*
11. Sur l'intérêt de l'argent. 130
12. Sur l'agiotage. 132
13. Sur les grandes entreprises des négocians. 134
14. Quelques arrêtés des Consuls, relatifs au commerce et à l'industrie manufacturielle. 135
15. Sur des canaux à faire creuser dans l'intérieur de la France, et sur un projet d'insulariser l'Europe. 138
16. Sur un projet d'établissement d'écoles militaires. 142
17. Sur les plantations et les forêts. 151
18. Sur l'administration militaire. 153
19. Sur la réparation des routes. 162
20. Sur la bureaucratie. 164
21. Sur l'administration de la justice. 165

22. Quelques principes de lois pénales, extraits du *Traité des délits et des peines.* Page 166
23. Sur l'égalité des partages dans les successions en ligne directe. 167
24. Sur le trop grand nombre de lois. *ibid.*
25. Sur les sépultures. 168
26. Projet de fêtes nationales. 169
27. Observation. 172
28. Sur l'inégale distribution des richesses. 173
29. Sur la religion. 174
30. Sur l'ambition, considérée comme ressort politique. 176
31. Sur deux écrits du citoyen Chaptal, Ministre de l'intérieur. 177
32. Il faut distinguer les inconvéniens essentiels d'une institution, de ceux qui ne viennent que de l'abus de cette institution. 178
33. Sur les évènemens qui ont préparé la révolution Française. 179
34. Sur la réaction de Naples et sur les Réfugiés Napolitains. 181
35. Extraits de la conspiration Anglaise. 185
36. Sur la contre-police royale, déjouée par la police républicaine. 186

Fin de la Table indicative des notes.

APPEL

AUX VÉRITABLES AMIS

DE LA PATRIE,

DE LA LIBERTÉ ET DE LA PAIX.

1. Quel a été, au 18 brumaire de l'an 8; quel était encore, il y a peu de jours, le vœu unanime, le besoin général, le cri de l'opinion, dans la France et dans l'Europe ?... La *Paix;* la cessation des fléaux qui ont couvert le monde, qui ont porté dans tous les lieux la dévastation, la démoralisation, la misère et la mort. 1. PRÉAMBULE.

Il n'est pas un pays sur la terre, où cette paix si nécessaire, si ardemment souhaitée, si long-tems attendue, ne soit accueillie par un concert de bénédictions, comme une divinité bienfaisante, qui vient ramener le bonheur, après de longues calamités.

Autant le terme de la guerre, qui a ravagé l'Europe, était généralement imploré par tous les peuples, autant la fin de la révolution, ou la paix intérieure, était impérieusement réclamée par tous les Français.

Cette double paix, intérieure et extérieure, si précieuse, si convenable à tous les intérêts, à toutes les nuances d'opinions, à toutes les classes de citoyens, doit fermer pour jamais l'effroyable abyme des révolutions, affermir la liberté, qui ne sera plus journellement compromise par les fluctuations politiques, ou par les chances des combats, assurer enfin l'existence de la patrie.

Une patrie, la liberté, la paix, tels étaient les résultats que nous avions droit d'attendre du Gouvernement Consulaire. Il les avait promis aux Français. Sa plus belle gloire est dans ces mots touchans, qui exciteront l'enthousiasme unanime de la nation : *La République est garantie, la guerre est terminée, la révolution est finie.*

2. De la Paix. 2. Je laisse à d'autres le soin de discuter et d'approfondir les conditions et les conséquences politiques du nouveau traité de paix qui vient d'être conclu entre la France et l'Empereur (1).

Ce n'est pas ici une de ces paix serviles (a) *qu'impose la force, et dont, à son gré, se joue la perfidie .... c'est la victoire qui s'arrête ; c'est le courage qui se met un frein. C'est une paix librement souscrite et fortement garantie, qui, aggrandissant le domaine de la liberté, consolide la révolution, éteint les délirantes ambitions des ennemis extérieurs, et, nous apportant mille biens précieux, nous ouvre un avenir riche de tous les genres d'espérances....*

Ce traité a été dicté par la modération et par la sagesse. Il est glorieux et utile pour nous et pour nos alliés.

Il donne le Rhin pour limite à la République Française.

Il ressèrre, par des avantages réciproques assurés aux Puissances contractantes, les liens de la fédération Européenne.

L'existence et les intérêts des Républiques Batave, Helvétique, Ligurienne, Cisalpine, sont stipulés et garantis.

(a) Discours du Citoyen Taleyrand Périgord, Ministre des relations extérieures, dans la séance publique du Directoire Exécutif, du 10 Brumaire an 6, où les Citoyens Berthier et Monge, envoyés par le Général Bonaparte, présentèrent le Traité de paix de Campo-Formio.

L'Italie presqu'entière est affranchie de l'influence Germanique.

L'Anglais est isolé des Puissances continentales.

Un vaste avenir de gloire et de bonheur est ouvert à la France républicaine.

3. But de cet Ecrit.

3. Pour calculer cet avenir et les moyens d'en réaliser les bienfaits, je veux interroger le passé, considérer notre situation présente, résoudre ces trois questions : *d'où nous venons; où nous sommes; où nous voulons et où nous pouvons aller*; rapprocher enfin et comparer les intérêts des citoyens et des gouvernans, nos dangers, nos ressources, nos espérances. Tel est le but de cet Ecrit.

C'est aux vrais Français, aux amis sincères de leur pays et de l'humanité que je m'adresse; ou plutôt, les objets dont je vais m'occuper les intéressent tous également. Nous sommes tous, sans exception, liés indissolublement au sort de l'Etat. S'il périssait, quel est celui qui pourrait échapper à sa ruine? S'il est arraché à toutes les tempêtes, s'il peut enfin se reposer pour long-tems dans le port, quelle gloire attend le mortel généreux qui aura fixé les destins de la République ! Quelle riche moisson de prospérités peut s'élever encore sur notre sol, si favorisé de la nature !

4. Une révolution longue et terrible a traversé la France ; elle a ébranlé l'Europe ; elle a été comme ces fleuves, dont les inondations fertilisent et ravagent. 4. *Idées générales sur la révolution.*

Les principes de cette révolution étaient grands et généreux. Ils avaient pour eux le double appui de l'imagination et de la raison publiques. Ils promettaient pour résultats la régénération des mœurs, la réforme des abus, le bonheur du peuple : ils ont été dénaturés et détruits par l'influence étrangère et par les factions.

Les passions, au lieu de la sagesse, ont pris le timon de l'État. Les fondateurs de la révolution, au lieu d'être des philosophes, unis entr'eux de sentimens comme d'intérêts, au lieu de s'élever à la hauteur de leur mission, de réformateurs, de bienfaiteurs de l'humanité, de législateurs, n'ont presque jamais offert que des gladiateurs politiques à l'Europe épouvantée.

La guerre a éloigné du sol français les citoyens les plus vertueux et les plus purs, qui ont été prodiguer leur sang pour la patrie. Des légions invincibles ont repoussé les rois; mais un venin corrosif s'est insinué dans les veines et dans tous les membres de la République. Les partis l'ont déchirée : un volcan toujours entr'ouvert a dévoré des milliers de victimes. On eut dit que la France, comme autrefois Hercule, avait revêtu la tunique empoisonnée de Nessus. Au sein de ses victoires, elle périssait par ses propres mains. Elle n'était plus qu'un immense cadavre, dont ses ennemis espéraient déjà partager les lambeaux.

Il fallait réparer de longs malheurs, des fautes presqu'irréparables ; cicatriser des plaies profondes ; opposer aux vicissitudes des actions et des réactions révolutionnaires un gouvernement ferme, qui rétablît l'ordre et la tranquillité, pour dissoudre les partis ; conserver le peu qui restait encore des institutions républicaines ; briser les glaives de la guerre civile ; amortir les passions; ranimer l'opinion, qui n'était plus que dégoût, lassitude et découragement ; relever le crédit public anéanti ; fermer le gouffre des banqueroutes multipliées ; rappeller la confiance, le commerce, l'industrie; forcer les rois à renoncer à leurs projets de destruction contre la République et à reconnaître son existence. Il fallait la dictature de l'héroïsme et du génie. Il fallait un homme, assez grand par lui-même, assez fort de la confiance publique, pour pouvoir gouverner; pour rendre la vie et le mouvement au corps politique; pour mettre un terme aux proscriptions; pour ne voir que des citoyens et des Français; pour opérer la fusion de toutes les nuances d'opinions dans un sentiment unique et national, l'amour et la gloire de la patrie; pour diriger, avec cette présence d'esprit, qui se compose de la prévoyance et de l'audace, les forces publiques, confiées trop long-tems à des mains inhabiles, timides et vacillantes; pour garantir enfin la République, au-dehors contre les rois conjurés, au-dedans contre les factions et ses propres fureurs.

5. Cet homme a paru; il a saisi le gouver- 5.
nement, que lui déférait l'opinion. — Quels COUP-D'ŒIL SUR L'AN 8.
ont été les résultats généraux de son administration, depuis une année?

6. Nos armées étaient à créer de nouveau. 6.
— Il a fait un appel à tous les braves; il s'est *Extérieur. Armées.*
mis à leur tête; il a délivré Gênes et re-

conquis l'Italie : la journée de Marengo a étonné l'Europe et déconcerté l'Angleterre.

Le monstre de la guerre a été quelque tems enchaîné ; les armées françaises ont été réorganisées.

L'armée du Rhin a soutenu la gloire de la République par une campagne rapide et brillante, qui a été une suite de victoires. Le moderne Fabius a prouvé que le génie de Scipion ne lui était pas étranger. Une ligne formidable de héros s'est avancée sur tous les points contre nos ennemis.

---

7. Actes diplomatiques.

7. Les États neutres étaient travaillés par les intrigues anglaises, et prêts à nous échapper. — La neutralité de la Prusse et des autres Puissances a été conservée; nos alliances ont été maintenues et utilisées en Espagne et dans les Républiques Batave, Helvétique et Ligurienne.

L'Amérique elle-même, qui avait paru oublier qu'elle nous devait son indépendance, et qui s'armait contre la nôtre, s'est affranchie de la tyrannie nouvelle qui voulait peser sur son commerce et sur sa politique, comme sur les mers; et une convention, fondée sur des intérêts communs et sur la plus parfaite réciprocité, a renoué et raffermi les liens qui attachaient les États-Unis à la France.

Nos relations diplomatiques et commerciales avec une partie des Puissances Barbaresques, suspendues depuis la journée d'Aboukir, et si essentielles à nos contrées du midi, ont été rétablies.

La Russie nous était contraire et menaçait d'entraîner tous les cabinets du Nord dans une coalition générale. — Des négociations heureusement ménagées, des insinuations adroites, des actes de grandeur et de loyauté, une politique noble et généreuse, ont arraché à l'influence anglaise un auxiliaire puissant, dont elle voulait faire un instrument aveugle de ses projets. Un vaste plan a été opposé aux vues machiavéliques d'un ennemi perfide et ambitieux. Aujourd'hui, la Russie, ramenée à ses vrais intérêts, se rapproche de la République Française. Deux grandes Puissances, l'une au midi, l'autre au nord de l'Europe, doivent établir un nouveau système de balance politique, offrir une base et une garantie de la paix continentale et générale, assurer l'indépendance et la sécurité respectives des peuples Européens, dans leurs relations commerciales et dans leurs navigations lointaines.

Les cabinets étrangers avaient accueilli et accrédité cette double calomnie contre la République Française : victorieuse, elle méditerait de nouveaux bouleversemens autour d'elle et menacerait tous les trônes; vaincue, elle ne serait pas éloignée, pour obtenir la paix, de sacrifier ses alliés, ses frontières naturelles, acquises par ses triomphes, et même sa forme de gouvernement et ses institutions politiques. — La modération et la fermeté des Consuls, dans les premières ouvertures des négociations, ont suffi pour détruire ces imputations calomnieuses (2).

On voulait effrayer les amis de la France, ébranler les dispositions des neutres, jetter les coalisés dans une guerre d'extermination, où les eussent fait persévérer à la fois, et la crainte de leur propre ruine, et l'espoir d'anéantir le système républicain.

Cette guerre à mort était le plan du cabinet anglais. « *L'état de guerre*, disait-il aux coalisés, *résulte de l'existence même de la République. Les loix françaises sont incompatibles avec la sûreté de l'Europe. C'est contre l'Europe qu'elles sont faites, et son devoir et son droit est de les détruire. Il faut agir, ou périr* ».

L'Angleterre voulait persuader à la coalition qu'il ne pouvait exister pour elle aucune garantie dans une paix avec la France. Elle voulait persuader à l'Europe que c'était la République Française qu'on devait accuser de tous les malheurs produits chez tous les peuples par la guerre éternellement prolongée. Mais aujourd'hui, l'Europe entière est convaincue qu'il n'a jamais été dans la pensée du Gouvernement Français, ni de s'avilir par une paix honteuse, ni de souffrir que les étrangers s'immiscent dans l'administration de la République, ni de troubler le monde par des principes désorganisateurs ou par des vues d'envahissement et d'extension de son territoire. L'Europe entière est convaincue que c'est la République Française qui voulait sincèrement la paix, et à des conditions justes et modérées, et que les ennemis de la France, et sur-tout le Gouvernement Britannique, ont seuls mis des obstacles à la cessation de la guerre. L'Europe entière, si la reprise des hostilités avait dû avoir lieu, aurait formé des vœux pour les succès de la France, parce qu'elle a éprouvé que le Gouvernement Français n'a jamais eu de grands avantages, sans faire aussitôt des propositions de rapprochemens, au lieu que les succès momentanés de ses ennemis, à Aboukir et en Italie, n'ont jamais été suivis d'aucune ouverture de paix.

Ainsi, toutes les prédictions diffamatoires des libellistes Britanniques ont été démenties, et nous avons reconquis au dehors l'influence de la victoire, et la force plus grande encore de l'opinion.

8. Précis sur l'expédition d'Egypte.

8. L'expédition d'Egypte, si belle dans son principe, si grande dans son but, si féconde en résultats de gloire et de prospérité pour la France, avait été dénaturée, au profit de l'Angleterre, par la fausse politique et par l'ineptie du Directoire. Il pouvait ménager avec la Turquie des négociations, où il eut été facile de lui montrer ses véritables intérêts et d'immenses avantages dans l'occupation de l'Egypte par les Français.

Une transplantation d'hommes industrieux et actifs, destinés à défricher ces contrées, qui furent autrefois des greniers d'abondance pour Rome et l'Italie, à porter les bienfaits de la civilisation sur une terre sauvage, à réveiller une population énervée par la mollesse, aveuglée par l'ignorance, abrutie par la servitude ; l'agriculture ranimée ; d'affreux déserts changés en plaines fertiles; des canaux de navigation et d'irrigation creusés en tous lieux pour utiliser les débordemens du grand fleuve; des comptoirs Européens multipliés sur les confins de l'Europe, de l'Afrique et de l'Asie, sur les rives du Nil, et dans les ports de la Mer Rouge; des communications plus fréquentes et plus promptes établies pour le commerce des Indes; l'Anglais attaqué dans ses possessions lointaines et dans la source de ses richesses; une route nouvelle tracée; un nouveau système commercial et maritime changeant, pour ainsi dire, la Méditerranée en lac français, et faisant refluer les trésors du Levant dans nos contrées méridionales : tel était l'avenir que nous promettait cette grande entreprise bien dirigée. Il ne s'agissait, pour y faire accéder la Turquie, que de lui garantir des produits annuels, fixes et certains, sur une terre où sa domination était devenue illusoire, et dont les revenus, incertains et mal acquittés, ne lui permettaient plus de la compter au nombre de ses provinces.

Alors, en conservant l'antique amitié du cabinet Ottoman, on prévenait la croisade nouvelle des potentats contre la République, et on affermissait la paix continentale, si nécessaire à la France pour suivre l'exécution de ses vastes desseins dans l'Orient.

Cette première et indispensable condition de l'assentiment de la Porte ayant été négligée, tout ce qui était d'abord en notre faveur se tournait contre nous. L'expédition dirigée contre le commerce anglais ne servait plus qu'à ruiner notre commerce du midi, à détacher de nous les États Barbaresques, à nous fermer les Échelles du Levant, à introduire les Anglais dans la Méditerranée, à nous ôter l'élite de nos guerriers, à nous priver d'un allié jusqu'alors fidèle et plus que jamais précieux : la défection de la Turquie entraînait la coalition de l'Europe entière contre la France.

Nous avions vu l'Angleterre, après le traité de Campo-Formio, disséminer ses agens dans toutes les cours : elle avait donné pour instructions de rallumer le feu des combats sur le continent. Mais l'Autriche, effrayée de ses pertes récentes, épuisée d'hommes et d'argent, ne voulait hasarder une lutte trop inégale qu'avec le concours d'une Puissance du Nord, assez prodigue de soldats pour faire espérer des succès. La Russie s'obstinait à ne point entrer imprudemment dans les affaires générales, tant que ses frontières pourraient être menacées par le Turc, voisin et rival dangereux, et ami de la République Française. L'Anglais s'engagea d'abord à brouiller la France avec la Turquie. Cette rupture devait décider la Russie, et la Russie entraîner la cour de Vienne : la guerre continentale était rallumée, l'Angleterre était garantie.

Sidney Smith était au Temple. Quatre mille prisonniers français avaient été offerts pour sa rançon. Le cabinet anglais avait trahi le secret de l'importance qu'il attachait à ce personnage.

Le Directoire Exécutif, malgré les avis et les pressantes sollicitations de Bonaparte, négligea d'envoyer un ambassadeur à Constantinople, pour faire envisager l'arrivée des Français en Égypte sous un point de vue favorable. Il ne fit point garder avec soin Sidney Smith, dont l'évasion était l'objet des sollicitudes et des intrigues vénales de l'Angleterre. — Cette double faute perdit tout.

Aucun ministre français n'avait paru dans le Divan. Le seul commodore anglais, échappé des prisons de Paris, se présente au nom de sa cour, annonce l'irruption des Français dans le territoire Ottoman, rédige et fait signer la déclaration contre la France et l'union avec la Russie, active lui-même les préparatifs de guerre et donne ses ordres dans la ville et dans le port (3).

Ainsi, Bonaparte, qui devait traverser sans obstacle un pays ami et allié, recevoir des renforts de sa patrie, s'occuper de travaux politiques plutôt que d'opérations militaires, créer une colonie, relever les arts et les sciences dans une contrée qui fut leur berceau, s'avancer en pacificateur plutôt qu'en exterminateur et en conquérant, ne trouve que des dangers et des ennemis, des combats à livrer, des populations entières conjurées contre lui, toutes ses espérances trompées, tous ses desseins entravés par l'active et astucieuse politique de l'Angleterre, et par l'imprévoyante et stupide négligence du Directoire.

Il proclamait en vain ses intentions bienveillantes et pacifiques pour la cour Ottomane; il envoyait lettres sur lettres et couriers sur couriers à Constantinople, pour instruire de ses démarches et de ses besoins l'ambassadeur français, qui n'avait point quitté Paris. Enfin il apprend que la légation Britannique règne

règne seule au Divan ; il reçoit le manifeste de la Porte contre la France. Il pressent les nouveaux orages qui vont fondre sur sa patrie ; il voit entre elle et lui l'espace des mers, des escadres nombreuses, tous les pavillons réunis au pavillon anglais. Les vaisseaux, qui l'ont amené sur ces lointains rivages, sont attaqués et détruits, pendant qu'il s'avance en triomphateur au-delà des déserts, sur les traces des Alexandre et des Sésostris. Sa dernière espérance lui est ôtée ; les soldats murmurent ; sans les ressources qu'il trouve dans son génie, le mécontentement et le désespoir désorganiseraient son armée (4).

Malgré tant de difficultés et d'obstacles, il oppose à la fortune un courage plus grand encore que les revers. Il inspire à ses compagnons la noble audace qui le soutient lui-même. Il combat les préjugés et les superstitions des indigènes par la douceur, la persuasion et la tolérance. Il détruit peu à peu l'hydre aux cent têtes des rébellions toujours renaissantes. Il triomphe des maladies et du climat. Il foudroie à la fois les Beys, les Mameluks, les Tribus innombrables d'Arabes qui se multiplient sur tous les points et dans tous les lieux. Il résiste aux armées Turque et

Anglaise combinées, aux troupes de terre et de mer, aux ennemis de l'intérieur coalisés avec ceux du déhors. Il s'assure la possession tranquille de l'Égypte.

Au milieu des soins de la guerre, il ne néglige pas les soins de l'administration et du gouvernement, les finances, la répartition des impôts, leur perception, l'agriculture à diriger, le commerce à relever, les communications à rétablir, les canaux, les fortifications, les sciences, la marine, la législation, les fêtes civiles, religieuses et militaires, l'art difficile de rapprocher et d'unir les habitans du pays et les soldats français, deux classes d'hommes également différentes de nations, de mœurs et de langage, et dans leur situation respective nécessairement ennemies.

Les savans associés à ses drapeaux, les généraux habiles et les braves guerriers, qui ont déjà signalé leur valeur et leur patience héroïque dans les plaines de la Belgique et dans les champs de l'Italie, sont animés par l'exemple du chef intrépide et généreux qui préside à leurs destinées. Une colonie se fonde et s'affermit au milieu des armes, et parmi les conspirations toujours actives et toujours déjouées.

Mais Bonaparte n'a point oublié l'Europe et les théâtres de ses premières victoires, ni la mère-patrie, d'où ses concitoyens le suivent d'un œil inquiet dans ses périls et dans ses conquêtes. Il est instruit des succès de la coalition nouvelle et de l'invasion de l'Italie. Il n'ignore pas que les braves Français, relégués sur les sables Africains, et dont la République implore vainement les bras toujours vainqueurs, sont aussi dévoués aux vengeances royales, si la liberté doit s'anéantir. Et qui d'entr'eux voudrait, ou pourrait survivre à la liberté de la patrie?... Lui aussi a pris une part active et glorieuse à cette révolution, qui a été lancée dans l'univers et dont la destruction plongerait la terre dans l'esclavage et dans les ténèbres (5). Il se doit à la fois à sa gloire et à son pays; à l'Italie, dont il avait promis de venir partager et conjurer les périls, si elle était menacée (6); à ses frères d'armes qui n'ont plus rien à attendre d'un Gouvernement, qui ne sait pas garantir ses propres frontières, et qui est perdu dans l'opinion des citoyens.

Il dépose le sort de l'Égypte et de l'armée dans les mains du héros le plus digne de lui succéder, de Kléber, dont l'ame grande et généreuse, le caractère franc, la noble loyauté, le courage intrépide lui ont acquis l'estime des peuples et des soldats. Il dérobe son départ à tous les yeux, pour qu'une indiscrétion fatale n'en révèle point le secret aux espions vigilans de l'Angleterre. Il livre sa fortune aux flots. Il arrive, conduit comme par une main invisible, sur les rivages Français, où la victoire avait déjà précédé son retour. Il obéit au vœu national, qui lui confie les destins chancelans de l'État.

Occupé désormais d'établir sur des bases durables la paix intérieure et extérieure de la France et du Continent, il doit aussi un souvenir et des soins particuliers aux braves qu'il a quittés, et il veut à la fois assurer leur bonheur et leur gloire. Il ne veut pas que tant d'efforts, tant de sacrifices, tant de fatigues surmontées, tant de victoires obtenues, tant de flots de sang répandus n'aboutissent à aucun résultat utile pour la France, et honorable pour les auteurs d'une si grande entreprise.

C'est en vain que la perfide Angleterre, maîtresse de la Méditerranée, ferme tous les passages, intercepte les communications, isole nos guerriers, fait circuler autour d'eux les nouvelles les plus fausses et les plus désastreuses sur le sort de leur patrie, obtient enfin, à force de pièges tendus à leur bonne-foi et à leur loyauté, la convention d'*El-Arish*, d'après laquelle l'armée française livre à ses ennemis tous les puits du désert, tous les débouchés, toutes les places fortes, et se prépare à évacuer l'Egypte et à s'embarquer avec confiance sur les vaisseaux qui lui sont destinés. — A peine la convention est signée, les premières conditions s'exécutent; les Français n'ont plus ni forts, ni positions militaires; ils sont réduits à l'espace qui renferme leur camp. Tout-à-coup, des instructions nouvelles arrivent, des ordres contraires sont transmis au commodore Sidney Smith. Il écrit lui-même, en date du 17 ventôse an 8 (8 mars 1800), au citoyen Poussielgue, l'un des Plénipotentiaires Français: « *Ce serait tendre un piège à mes braves antagonistes, si je les encourageais à s'embarquer. Je dois à l'armée française et à moi-même de ne pas lui laisser ignorer cet état actuel des choses, que je travaille cependant à changer* ». — Ici, la probité particulière d'un seul homme est en opposition à la mauvaise foi et à la perfidie qui font le caractère de son Gouvernement (7).

Mais, comme le remarque l'auteur des

observations sur la convention d'*El Arish* (a), « les suites de cet évènement ont fourni à » l'armée d'Egypte l'occasion de se montrer » supérieure à elle-même, et ont affermi dans » les mains des Français la possession d'une » intéressante colonie. Les Anglais voulaient » porter un coup mortel au commerce exté- » rieur de la France, et ils n'ont fait qu'in- » téresser de plus en plus la France à con- » server une possession, qui est le prix de » deux honorables conquêtes et qui peut com- » penser pour elle le désordre et la perte de » de ses autres colonies. Ils voulaient humi- » lier une des plus braves armées de l'univers, » et ils l'ont mise à portée de se couvrir de » gloire. Ils voulaient se soustraire à l'obli- » gation d'entretenir dans les mers du Levant » des croisières dispendieuses, et le Levant est » devenu plus que jamais pour eux l'objet de » la plus jalouse sollicitude. Ils voulaient se » faire un mérite auprès de la Porte de lui li- » vrer sans défense une armée de vainqueurs, » et ils ont livré au fer de ces vainqueurs » l'armée innombrable de leur allié.

» A ce contraste frappant entre les vues et

(a) Insérées dans le Supplément du n°. 125 du Moniteur (5 Pluviôse an 9).

» les résultats, sujet amer de confusion et de » douleur, se joignent encore pour le Gouvernement Anglais, et la mortification d'avoir » manqué de prévoyance et de discernement, » et le regret humiliant de s'être rendu coupable d'une bassesse sans succès ».

Le brave et malheureux Kléber avait vaincu les nouveaux obstacles suscités autour de lui. Il avait dispersé l'armée du Grand-Visir aux champs d'Héliopolis. Il avait conquis une seconde fois l'Egypte. Il était rentré vainqueur dans les murs du Caire. Une organisation paisible, administrative et politique, était le fruit de ses travaux. Un janissaire obscur, vil instrument de mains plus perfides et plus criminelles, vient frapper, au sein des loisirs de la paix, le héros qu'avait respecté le fer des combats. Dans le même jour (*a*), son compagnon, son ami, le jeune et intrépide Desaix, à peine de retour dans sa patrie, expirait au champ d'honneur, après avoir décidé la victoire.

A cette nouvelle de l'assassinat de Kléber, qui retentit dans l'Europe, des soupçons involontaires et une indignation profonde agitent toutes les ames. Une voix accusatrice

(*a*) Le 25 Prairial an 8.

rappelle les assassinats successifs de Basseville et de Duphot aux pieds du Capitole; les ambassadeurs Sémonville et Maret plongés dans les cachots, au mépris des droits des nations; trois cents marins Français massacrés sur une frégate mouillée dans le port neutre de Gênes, par des marins de Londres; l'ambassadeur Bernadotte insulté dans les murs de Vienne; les ministres Français égorgés à Rastadt, sans respect pour leur caractère sacré; les malades et les prisonniers Français inondant de leur sang les rivages inhospitaliers et barbares de la Sicile et de la Calabre..... par-tout les mêmes fureurs, les mêmes crimes; par-tout la même main qui les commande, les dirige, les exécute, les récompense; par-tout le Gouvernement Anglais, organisateur de forfaits et d'assassinats.

L'armée d'Egypte, plus irritée que découragée par la mort de son illustre chef, continue, sous Menou, d'affermir sa conquête et d'élever un monument durable à sa gloire. Elle reçoit bientôt des nouvelles et des secours de la mère-patrie. Elle apprend que de rapides victoires ont rendu l'Italie aux Français, qu'une pacification générale se prépare, que la paix est faite avec Tunis et Alger, que le commerce du Midi commence à renaître, qu'un Gouvernement protecteur s'occupe à la fois de ses besoins et du bonheur de la France. Elle voit s'évanouir les inquiétudes et les craintes semées jusqu'alors autour d'elle. Une généreuse émulation l'anime. Elle veut obtenir, comme les autres armées de la République, cet hommage simple et touchant de la reconnaissance nationale : *L'armée d'Egypte a bien mérité de la patrie.*

Oui, guerriers généreux, il a été répété dans la France, il vous a été transmis au-delà des mers (8) ce cri unanime de vos concitoyens, pénétrés d'attendrissement et d'admiration pour les maux que vous avez soufferts, pour les exploits qui ont illustré votre carrière. Ah! sans doute, vous reviendrez au milieu de nous. Nos mains vous offriront des lauriers. Vous jouirez encore des embrassemens de vos épouses et de vos mères. Vous serez l'ornement de nos fêtes. Vous reverrez la terre natale, heureuse et triomphante. D'autres Français iront vous remplacer et faire fleurir, par l'industrie et les arts, le sol que vous avez conquis par votre courage. Ce fruit de vos travaux sera conservé à la République. Nous n'abandonnerons point la terre sacrée, où sont les tombeaux de tant de guerriers, qui nous reprocheraient de les avoir sacrifiés sans utilité pour la Patrie. Nous ne livrerons point leurs cendres aux outrages de peuplades barbares. L'expédition d'Egypte, comme la révolution elle-même, dont elle est un brillant épisode, rendue d'abord funeste par les fautes qui l'ont accompagnée, par les circonstances qui l'ont suivie, sera rappellée à son véritable but, produira les grands et salutaires résultats qui nous étaient promis, deviendra l'une des sources de la prospérité de la France, et sera un monument éternel de la bravoure, de la constance, des vertus et du génie de ceux qui l'ont exécutée.

9. Intérieur. 9. Après avoir jetté un coup-d'œil sur la situation extérieure de la République, sur les actes militaires et politiques du Gouvernement, sur nos armées, sur nos relations diplomatiques, sur le rapprochement qui s'est opéré entre la France et la Russie; après avoir observé, dans leurs principes, dans leurs développemens et dans leurs résultats, les brillantes opérations de notre armée d'Orient, nous devons maintenant arrêter

nos regards sur la situation intérieure de la France, résumer ce qui a été fait depuis une année, comparer la conduite du Gouvernement Consulaire avec celle des administrations précédentes, étudier le caractère et le véritable esprit de l'opinion publique, les intérêts et les vœux des différentes classes de citoyens, calculer enfin les résultats définitifs de la révolution et de la paix.

10. Et d'abord, si nous rappellons à notre mémoire les systêmes homicides de proscriptions, de spoliations, de massacres, de déportations, de contre-poids, qui avaient dévasté notre Patrie sous les différentes dynasties révolutionnaires, nous reconnaîtrons, dans l'administration des Consuls, pendant l'an 8, un Gouvernement doux, conciliateur, pacifique, qui n'a pas voulu se placer entre deux partis d'opposition, pour les balancer, les combattre, les détruire l'un par l'autre, en les fortifiant et les neutralisant tour-à-tour, qui a cherché à faire cesser ce flux et reflux des passions et des violences; qui a senti que, responsable à la France de son bonheur et de sa tranquillité, s'il était haineux et oppresseur contre une seule des 10. Conduite politique.

portions intégrantes de la nation, il ébranlerait lui-même ses propres bases, et trahirait ses intérêts, ses devoirs et ses sermens.

Un Gouvernement est de sa nature tout amour, tout administration, tout conservation. Il doit protéger et non proscrire, concilier et non aliéner ; s'identifier au peuple et non s'isoler, ne jamais généraliser les accusations, ni attaquer et frapper en masse, ce qui enveloppe les innocens avec les coupables, et crée par le fait des partis, là où il n'y avait que des citoyens. Il doit séparer, par une couleur tranchante, la cause et la conduite des bons et des pervers, réprimer par les lois et avec prudence, en plaçant la preuve du délit à côté de la peine, les individus qui troublent l'ordre, neutraliser les oppositions par des négociations ou par des bienfaits, et en exerçant sur elles une influence invisible et adroitement dissimulée, se pénétrer enfin de la maxime, que, *les obstacles même qui conspirent à sa ruine, l'homme de génie les fait conspirer à ses succès*, et que, *c'est là le vrai secret de l'art de gouverner.*

Une politique grande et généreuse a été substituée à une politique ombrageuse et meurtrière.

Le système de l'étranger et des rois avait été de rendre la révolution républicaine tellement odieuse par ses excès, qu'elle devînt en horreur à ceux même qui d'abord avaient favorisé sa naissance et ses progrès. Ramener la révolution à sa direction primitive, à ses principes et à son but; assurer à la France le repos et une liberté civile, bien garantie; faire en sorte que le mot *République* soit synonyme des mots *Bonheur public*, et que l'ordre de choses établi soit aimé pour être durable : tel a dû être tout l'abrégé du système du Gouvernement.

Il a brisé les tables de proscription; il a autorisé, par une sage politique, la rentrée des prêtres non réfractaires et mariés (*a*); il a rappellé les déportés des différens partis, révoqué la mesure de déportation nouvelle que lui avaient arrachée quelques hommes, qui prennent toujours leurs petites passions pour l'opinion générale, et leurs ennemis personnels pour les ennemis de la patrie.

Les partisans incorrigibles de la Monarchie, les chefs des émigrés et de la Vendée, le Cabinet Anglais s'étaient flattés que la

---

(*a*) Arrêté du 8 Frimaire an 8,

Dictature, confiée à un homme de génie pour sauver la République, déclinerait rapidement vers les institutions royales. Ils espéraient même qu'on pourrait négocier en secret avec les nouveaux gouvernans pour le rétablissement du trône, dont on voile toujours le démembrement de la France.

Les espérances liberticides ont été trompées. Le Gouvernement a repoussé les insinuations perfides, les propositions astucieuses, les intrigues vénales : il est resté immuable dans sa résolution d'affermir le système républicain, qui convient seul à la masse pensante de la nation et à l'armée, qui est fort des suffrages unanimes de vingt millions d'hommes, qui est la seule garantie des citoyens paisibles, des soldats, des propriétaires, de tous les Français, contre le retour des secousses et des tempêtes, qui ont agité leur territoire.

II. Pacification de la Vendée.

II. Les contrées de l'Ouest ont été pacifiées, sans qu'une guerre d'extermination y réveillât le fanatisme et le désespoir, sans qu'un traité honteux y fît mépriser le Gouvernement de la République, et encourageât des rébelles. Ils sont rentrés dans le sein de la Patrie. Elle n'a plus vu de caste ni de parti, mais des individus et des Français. Elle a offert protection et sûreté à tous ceux qui vivraient paisibles sous l'égide du Gouvernement Républicain. Ceux-là seuls ont été livrés à la juste rigueur des lois, qui, postérieurement à la pacification, ont voulu renouer des trames criminelles, rallumer la guerre, et promener en tous lieux le brigandage et l'assassinat.

12. Toutes les parties de l'administration publique ont été promptement organisées. Les délégués provisoires, qui menaçaient déjà de reproduire l'exécrable fléau des Proconsuls en mission, ont été rappellés; les vengeances particulières enchaînées, les indigens secourus; les journaux, presque tous ateliers de contre-révolution et payés par l'étranger (9), réduits à un très-petit nombre, mesure qui était impérieusement réclamée par les circonstances, et par la dégradation de l'opinion qu'ils achevaient de corrompre. 12. Quelques actes du Gouvernement.

Les finances, la marine presqu'anéantie (10), le commerce, l'industrie, les spéculations particulières, la classe intéressante des rentiers, les propriétaires, les acquéreurs de biens nationaux, ont fixé les méditations du Gouvernement; et des améliorations lentes et insensibles, qui étaient seules possibles à obtenir, ont été les premiers résultats du nouvel ordre de choses.

13. Biens nationaux. — Finances.

13. La valeur des biens nationaux est le thermomètre de l'opinion des Français sur la valeur et la tenue de la révolution. Ces biens valent, tantôt trois, tantôt quatre ans de leurs revenus. Ils ont même différens titres; car les biens des émigrés valent un tiers de moins que ceux du Clergé. Il s'est donc formé une valeur conjecturale de ces biens, très-nuisible, et à l'agriculture, que des propriétaires paisibles peuvent seuls activer et perfectionner; et à la circulation du numéraire, qui est le principe vital d'un État; et à la facilité des transactions, qui en est à la fois l'effet et la cause; et à l'opinion de la stabilité de la révolution, sans laquelle la France sera tourmentée par de continuelles angoisses, ennemies de tout commerce en grand et de toute spéculation.

Comme les deux tiers environ de la surface de la France ont été des propriétés nationales,

tionales, la dépréciation de ces biens a tari toutes les sources de la prospérité publique. Nos richesses réelles ont été dénaturées et presque détruites par ce sentiment général de crainte et de défiance de l'avenir, qui n'accordait aux biens nationaux que la valeur de trois ou quatre ans de leur revenu, parce qu'en effet, depuis nos longues vicissitudes politiques, on ne s'est guère trompé dans ses calculs, en prévoyant que tel ou tel Gouvernement durerait trois ou quatre années, au-delà desquelles il n'y avait plus qu'un horison obscur, des incertitudes et des nuages.

Les Consuls ont senti le besoin d'apporter un soin particulier à ces sortes de possessions. La révolution n'a pas de plus solide garantie. Les acquéreurs n'ont de sûretés que dans la loyauté et dans la force du Gouvernement. Le Gouvernement lui-même n'est affermi que par l'état de sécurité des acquéreurs et par le maintien de leurs acquisitions.

Quand l'Administration Consulaire sera parvenue à relever la valeur de ces biens et à les tirer de leur discrédit, en ne permettant plus les distinctions publiques et légales de *biens patrimoniaux* et de *biens nationaux*, ce qui place les premiers dans un rang privilégié et met les autres comme dans un état de roture et d'interdiction, non-seulement elle aura relevé d'autant la valeur des deux tiers de la France; mais elle fera tomber le taux excessif et scandaleux de l'intérêt de l'argent (11), qui entrave les relations commerciales, et qui est un principe de mauvaise foi et d'immoralité. — Elle mettra fin à ce jeu meurtrier de l'agiotage (12), caustique empoisonné qui dessèche l'État, qui absorbe, concentre, anéantit, par un mouvement stérile, par une rotation continuelle, circonscrite dans un cercle vicieux, toutes les espèces de capitaux, dont la circulation confiée au génie du commerce, porterait dans toutes les branches de l'industrie sociale une sève génératrice et des principes de fécondité.

C'est le taux excessif de l'argent, qui diminue et avilit le prix des terres par les illusions séduisantes et les chances de profits rapides et immenses, que le charlatanisme et l'escroquerie des agioteurs présentent à l'égoïsme et à la cupidité populaires. C'est aussi parce qu'une grande partie des terres sont à vil prix, parce qu'il y a les deux tiers moins de biens qu'autrefois à acheter avec sûreté, parce qu'on ne veut pas s'exposer à acquérir des propriétés sujettes à des contestations, précaires et mal assurées, que l'argent vaut réellement deux et trois pour cent par mois, au lieu de cinq pour cent par an. -- Cette cherté prodigieuse du numéraire, et cette extrême diminution de la valeur des terres ont entr'elles une action et une réaction réciproques, et demandent, pour être rétablies dans leur équilibre naturel et dans une sage et nécessaire proportion, tous les soins d'un Gouvernement probe et réparateur.

La France ne sortira de sa détresse, relative au numéraire et à la valeur des terres, que lorsque les biens nationaux ne donneront plus d'inquiétudes, et que chacun pourra en acquérir, sans craindre le retour et les prétentions des anciens possesseurs.

Les mêmes anxiétés, qui tourmentaient les propriétaires, étaient communes aux commerçans et aux spéculateurs. Comment ces deux classes d'hommes n'auraient-elles pas été depuis long-tems dans des transes perpétuelles, après les violences faites à la propriété par les Gouvernemens Révolutionnaire et Thermidorien, et par le Directoire, et après ces banqueroutes frauduleuses et successives, qui ont ébranlé toute confiance et tout crédit, et ôté toute ressource à la puissance publique? .....

La révolution avait commencé par les rentiers, qui crurent prévenir, par un changement d'administration, la ruine inévitable que leur préparaient les dilapidations et l'immoralité de la Cour. Mais leurs propriétés, dépôt sacré confié à l'État, déjà compromis et altéré dans le cours de la révolution par tant d'opérations financières, impolitiques et désastreuses, furent anéanties, le lendemain même du 18 Fructidor, qu'on avait présenté comme une journée réparatrice, et dont les effets furent uniquement au profit d'une autorité imbécille et malveillante, sous laquelle tout le corps politique tombait de pourriture et de dissolution.

Aujourd'hui, le sort des rentiers amélioré, la solde de l'armée et des fonctionnaires publics assurée, la circulation de l'argent peu à peu rétablie, résultent déjà du nouveau système de finances, qui, pour coïncider au système politique, doit s'appuyer aussi sur le respect des propriétés, sur la probité, sur la bonne-foi, qui donnent à un Gouvernement les plus fortes garanties de sa durée dans la confiance et dans l'estime publiques.

14. De cette même opinion de la stabilité de la révolution, et de la consistance et de la probité du Gouvernement, dépendent la confiance des spéculateurs et les succès des opérations des négocians. L'époque de la paix va doubler les moyens du Gouvernement pour imprimer à ces différens ressorts politiques l'activité dont ils sont susceptibles. 14. Commerce et Industrie.

L'ancienne France devait, en grande partie, sa célébrité, ses richesses, son état florissant à ses spéculateurs en grand, qui étaient les rivaux des spéculateurs de la Grande-Bretagne, auxquels cette nation doit ses richesses incalculables (13).

La France aura beau être populeuse, martiale, bien organisée intérieurement. Tant qu'elle n'aura que des négocians timides sur les évènemens futurs, peu rassurés sur la solidité du régime actuel, craignant toujours des agitations révolutionnaires ou contre-révolutionnaires, et tant que l'Angleterre sera, au contraire, assise sur ses bases, tranquille sur son rocher isolé, négociant en grand, et jouissant d'un commerce exclusif au milieu de la conflagration générale, capable enfin de poursuivre la combinaison et l'exécution de ses plans destructeurs contre nous, les richesses des deux nations ne seront plus proportionnées : l'Angleterre aura toujours sur le Continent une population militaire disponible; la guerre, quoique suspendue, pourra renaître, et les chances d'une lutte nouvelle pourraient devenir fatales à la République.

Mais, si le dépérissement progressif de toutes les causes de la prospérité nationale, l'un des caractères du Gouvernement Directorial, continue de faire place à un système de restauration, qui, chaque jour mieux développé, rétablira les anciennes sources de richesses, existantes dans les productions territoriales et dans l'industrie : la France, déjà élevée au premier rang des puissances militaires, se replacera facilement au niveau des premières puissances agricoles et commerçantes; et alors, elle pourra braver les vains efforts de sa rivale.

L'établissement de la Banque de France, *dont les suites nécessaires, si elle est gouvernée par l'influence du commerce et de l'esprit public, doivent être l'aggrandissement des spéculations, le développement de l'industrie, l'énergie et l'universalité de la circulation ;* la création qui vient d'avoir lieu de plusieurs compagnies commerciales (14); les encouragemens offerts à l'agriculture et à l'industrie manufacturielle ; des ordres donnés pour l'ouverture de canaux (15), que le commerce réclamait depuis long-tems ; des ateliers ouverts à la jeunesse et à l'indigence ; d'autres projets de perfectionnement, qui, mûris dans le silence des bureaux des ministères des Finances et de l'Intérieur, doivent avoir leur exécution à la suite de la paix : tout nous présage cet ordre de choses florissant et durable, où la liberté, compagne de l'aisance et du bonheur, réunira tous les suffrages, et où l'oubli des maux passés amenera l'extinction des passions malfaisantes, dont l'influence ralentit encore l'action salutaire du Gouvernement.

15. Projet d'un Conseil de commerce.

15. Un moyen de rendre le commerce vraiment national, de lui imprimer une grande activité, de l'associer à la marine et aux finances, pour que ces trois parties de l'Administration réunies se prêtent des secours

mutuels, et soient promptement améliorées, sera peut-être de rétablir l'institution d'un Conseil particulier, placé près le ministère de l'intérieur, auquel on confiera le soin d'observer et de surveiller la marche et les progrès du commerce intérieur et extérieur.

Ce Conseil, instruit de l'état du commerce de la France, par la comparaison des importations et des exportations naturelles, voit les branches qui languissent, les causes de leur décadence, les moyens de les relever; fait solliciter à propos chez les Puissances étrangères commerçantes de nouveaux avantages; fait soutenir ceux qu'on possède, mettre à profit ceux qui se présentent; prépare, par ses méditations, les traités de commerce qui accompagnent ordinairement les traités de paix; et sait rendre propres à la France les productions naturelles des autres pays, en activant et favorisant les manufactures, et en dirigeant vers un même but le commerce maritime et les spéculations des particuliers. Il encourage ces trois classes si intéressantes de la société, les agriculteurs, les manufacturiers et artisans, les négocians, qui ont besoin d'une protection spéciale de la part du Gouvernement et d'un foyer central de lumières et d'observations, qui dissipe les ténèbres des préjugés et de l'ignorance.

16. Un bon système d'économie politique; des principes fixes, propres à encourager la population et à déterminer le sage emploi des hommes, suivant leurs facultés et pour le plus grand bien de l'Etat; une éducation nationale (16) tellement organisée, que, par un heureux concours de tous les arts, par une émulation salutaire entre les élèves des différens pensionnats, comme entre les pensionnats des différens Départemens, elle forme à-la-fois des soldats robustes, des hommes adroits et industrieux, des citoyens utiles dans tous les genres; la probité mise en honneur, les talens excités, l'agriculture et l'industrie nationalisées et perfectionnées; des primes accordées pour encourager les plantations (17), les défrichemens et les manufactures; les champs, négligés par la paresse ou par l'insouciance, imposés une fois plus que ceux qui sont cultivés, et un grand espace de terre, consacré seulement au luxe des jardins, soumis à une taxe plus forte que celui où croissent des productions utiles; l'esprit de propriété sagement favorisé, doublant le

16. Quelques idées d'administration intérieure.

nombre des hommes et des citoyens; une politique habile et rénumératrice mettant à profit la rentrée des militaires dans l'intérieur et leur fusion dans les différentes classes de la société; une diminution progressive des impôts ; une plus juste répartition, en raison du superflu, et en exemptant le nécessaire physique du pauvre, qui s'acquitte envers la Patrie par sa présence qui la défend, par les enfans qu'il lui donne, par son travail qui y produit les richesses (*a*) ; un mode de perception plus simple et moins dispendieux, de manière que les contributions pèsent le moins possible sur les Individus et produisent le plus possible au trésor public; une moins grande disproportion dans les fortunes, qui doit insensiblement résulter d'un meilleur systême d'impositions, entreront aussi dans les développemens du vaste plan d'amélioration que paraît s'être proposé l'Administration Consulaire.

Le laboureur rendu plus heureux; la classe des financiers moins nombreuse; le crédit

---

(*a*) Pendant la guerre contre Porsenna, le Sénat remit au Peuple toutes les charges qu'il avait coutume de supporter. Il déclara que les pauvres s'acquittaient assez envers la Patrie par le soin qu'ils prenaient d'élever leurs enfans. MACHIAVEL.

public, ce principal soutien des Etats, cette mine féconde de ressources, raffermi par l'esprit d'ordre et de probité ; l'agiotage et le monopole extirpés ; des profits médiocres, mais déterminés, assurés à ceux qui traitent avec l'Etat ; la publicité des marchés, leur concurrence, l'exactitude des paiemens ; la répression de la vénalité ; des réformes nécessaires et une organisation définitive dans l'Administration militaire (18) ; une comptabilité scrupuleuse ; une sage économie ; des comptes annuels rendus au Peuple ; une responsabilité réelle des fonctionnaires dans la publicité de leurs actes et dans l'opinion ;

L'uniformité des poids et mesures concourant au systême d'unité de la Législation et d'indivisibilité de la République ; des canaux (a) projettés, ou déjà commencés sur plusieurs points pour la navigation intérieure ; les chemins réparés, les autorités locales chargées, sous leur responsabilité, de les faire ouvrir et conserver (19) ; le brigandage réprimé ; la sûreté individuelle assurée, les personnes et les propriétés fortement garanties ;

L'administration et la justice simplifiées ;

(a) Voyez *la note* 15.

la bureaucratie (20) détruite; les tribunaux de conciliation, les juges de paix terminant la plupart des différends, sans frais ni procédures (21); les fonctions respectables des jurés, trop souvent dénaturées par l'esprit de faction, reprenant leur dignité, leur force morale et leur indépendance, à mesure que le retour de la concorde et de la paix nous permettra de jouir pleinement des nouvelles institutions;

Nos Législateurs constamment dirigés par l'exemple de cet ancien philosophe, *qui n'avait pas donné les meilleures lois possibles aux Athéniens, mais celles qu'ils pouvaient le mieux comporter*; pénétrés de ces vérités pratiques, qu'un *principe* n'est qu'une collection d'observations, et qu'en observant on doit avoir égard aux différences et même aux nuances imperceptibles qui distinguent souvent des choses absolument semblables par leurs apparences extérieures; qu'ainsi le mot *principe*, dans sa signification abstraite, est presque vide de sens, et que son application exacte et rigoureuse, indépendamment des circonstances, est toujours impossible et entraînerait les plus graves inconvéniens; qu'on doit toujours considérer ce qu'on peut, où l'on est, ce qui convient aux mœurs, au tems, aux hommes avec qui l'on vit; qu'il ne faut jamais heurter ni brusquer l'opinion par une roideur inflexible et déplacée, mais louvoyer avec prudence, suivre le cours du torrent, jusqu'à ce qu'on puisse le dériver, savoir attendre, prévoir et saisir le point de la possibilité; notre législation inspirée par ces maximes, que nos différentes Assemblées Nationales ont trop souvent méconnues;

Un code civil et un code pénal (22), mûris par la sagesse et par l'expérience, précisant nos devoirs et nos droits, établissant une sage distribution des châtimens et des récompenses, et une juste proportion entre les délits et les peines, substitués au cahos des usages et des coutumes contradictoires des anciens tribunaux;

Le droit d'aînesse, les substitutions et fidei-commis prohibés; un ordre plus constant et plus régulier introduit dans les successions et dans les partages (23); la faculté de tester, non pas détruite, mais modifiée; toute disposition testamentaire, dont l'objet serait de créer une trop grande inégalité dans la division des biens domestiques, interdite; la loi évitant le double inconvénient, ou de laisser trop d'extension à l'indépendance filiale, et trop peu de droits à la paternité et à la propriété, ou de livrer les enfans à l'arbitraire du despotisme paternel et de faire germer dans les familles des principes de prédilections, de haines et d'injustices;

Le divorce rendu possible plutôt que facile; la dissolution du mariage hérissée de formalités et d'obstacles, pour maintenir la sainteté de ce nœud, l'un des premiers anneaux de la chaîne sociale, pour opposer un frein à l'immoralité, pour offrir une garantie aux enfans, pour assurer la paix et la bonne intelligence des familles, premiers élémens de l'union des citoyens; un juste milieu entre le danger d'un lien indissoluble, qui est contre la nature des choses, et le danger également à craindre d'un lien trop facile à dissoudre;

Enfin, des lois simples, claires, précises, peu nombreuses (24), telles qu'on ne soit point tenté de les éluder et qu'elles ne puissent être impunément violées;

La peine de mort, ce parricide des lois, abolie, et le vœu, depuis long-tems formé par la philosophie et l'humanité, réalisé sous un Gouvernement fort et généreux ;

Les cérémonies relatives aux sépultures et les lieux où sont les tombeaux (25), consacrés d'une manière solemnelle par ce respect religieux des morts, qui se lie essentiellement à la morale, sans laquelle aucune Société, ni aucun Gouvernement ne peuvent se maintenir;

Les talens et les arts appellés à célébrer et à transmettre à la postérité les prodiges enfantés par l'héroïsme ; les noms des guerriers morts pour la Patrie, conservés sur les colonnes départementales (*a*), et inspirant à la génération naissante et aux races futures cet orgueil national, cette soif de la gloire, cette noble rivalité, qui sont les principes des grandes actions;

Les spectacles, les fêtes publiques (26), qui sont des besoins pour tous les peuples, mais dont le despotisme s'empare pour amollir et corrompre, et dont la République doit s'approprier l'influence, pour élever les

---

(*a*) Voyez l'arrêté des Consuls, du 29 Ventôse an 8, portant qu'il sera élevé, dans chaque Département, *des colonnes à la mémoire des braves, morts pour la défense de la Patrie et de la Liberté.*

ames, réveiller les passions généreuses et former des citoyens :

Tel est le faible apperçu des immenses bienfaits, ou qui ont déjà résulté, ou qui doivent résulter successivement de notre régénération politique, dans notre Administration intérieure, dans nos Finances. dans notre Législation civile et criminelle, dans nos usages, dans nos mœurs et dans nos institutions.

En un mot, la RÉPUBLIQUE FRANÇAISE, riche par la nature et par l'industrie, heureuse par l'abondance et par la Liberté, par l'égalité, par l'union, par les mœurs; pacifique et guerrière à-la-fois; ne cherchant jamais à attaquer, mais toujours prête à se défendre ; puissante au dedans par la modération de ses principes, par la sagesse de son Gouvernement, par l'amour de ses citoyens, par l'heureux mélange de l'intérêt particulier et du bien général; respectée au-déhors ; aimée de ses alliés, redoutable aux Puissances qui voudraient se déclarer ses ennemies; étonnant l'Univers par le spectacle de sa prospérité ; puisant ses moyens de grandeur et de gloire dans la bonté de ses lois, dans le génie et le

patriotisme

patriotisme de ses Magistrats ; *dans leur frugalité et leur économie particulières ; dans leur immense prodigalité pour les grandes choses ; dans cette politique d'Alexandre, dont la main se fermait pour les dépenses privées, et s'ouvrait pour les dépenses publiques* (*a*) : — Tel est le tableau de l'avenir qui déjà sourit à notre Patrie.

17. De la France monarchique et de la France républicaine.

17. En jettant ici un coup-d'œil rapide sur les avantages et les désavantages de la France, par rapport au commerce et aux autres sources de la puissance des États (27), question intéressante, si savamment discutée et approfondie par un Économiste anglais (*a*), nous n'aurons pas de peine à nous convaincre que tous les avantages, qui sont dans les productions du sol et dans sa fécondité, dans le grand nombre de rivières et de canaux qui l'arrosent ; dans les grands chemins qui le traversent ; dans la nature du climat ; dans le caractère des habitans ; dans nos richesses coloniales, qui, par l'acquisition de l'Égypte, seront

(*a*) Montesquieu, Esprit des Lois, Liv. 10, Chap. 14.
(*b*) M. John Nickolls, Ouvrage cité dans la Note 11.

plus abondantes, plus rapprochées de nos ports, et auront des débouchés plus prompts et plus faciles; dans la multiplicité de nos manufactures nationales, qui rendront l'étranger tributaire de notre industrie; dans l'art de nous approprier les productions des autres pays, d'en attirer les habitans au milieu de nous, d'utiliser le travail des uns, l'oisiveté, le luxe et les caprices des autres; enfin dans cet empire de la mode, par lequel la France obtient, en Europe, le même dégré de supériorité, qu'elle a déjà, sous le rapport du courage, des talens et des sciences: nous serons, dis-je, convaincus, que tous ces avantages, loin d'avoir été diminués, ont été doublés, ou mis en état de l'être par l'impulsion que la révolution a donnée à toutes les classes de citoyens, et par la nouvelle circonscription que nous ont procurée nos victoires.

Nous reconnaîtrons également, que tous les désavantages, qui existaient sous l'ancien régime; toutes les causes réelles ou d'opinion, les préjugés, les usages, les lois, les obstacles de tout genre, qui entravaient la prospérité nationale, ont été détruits, et que le Gouvernement actuel a plus de moyens que n'en eut jamais la monarchie, dans ses jours les plus florissans, pour étonner par les effets magiques de la paix, comme il a étonné par les prodiges de la guerre.

Quels étaient en effet les principaux vices de l'administration, ou plutôt de l'organisation sociale, dans la France monarchique?

18. *Le Clergé* célibataire, était un gouf- 18.
De la population.
fre immense, dans lequel un quarantième de la nation allait se perdre et s'anéantir, sans être jamais réparé. — Ce gouffre a été comblé. Le Clergé moins nombreux, moins fort de la crédulité populaire et de la complicité du pouvoir politique, ramené à quelques égards aux principes de la primitive Église, ne forme plus un corps privilégié, une institution hétérogène, monstreuse et anti-sociale dans l'État: il n'empêche plus ses membres d'être citoyens; il ne conspire plus contre la propagation de l'espèce.

La Noblesse, qui mettait sa gloire dans son oisivité; qui flétrissait de ses dédains le commerce, l'industrie et les travaux utiles; qui ne faisait rien pour l'État, et ne lui payait aucun tribut; dont chaque maison sacrifiait ses cadets et ses filles à la vanité d'élever ou de perpétuer une branche unique et puissante; qui absorbait chaque année les familles des autres classes devenues les plus influentes et les plus riches, offrait, ainsi que le Clergé, un principe de destruction, qui s'étendait sans bornes. — La Noblesse a disparu sous les débris du trône. L'industrie, les talens et les vertus peuvent seuls désormais ouvrir la route des honneurs et de la fortune. L'oisiveté n'est plus un titre de gloire; l'exemption des charges de l'État n'est plus une récompense ou un privilège. Des générations entières ne sont plus sacrifiées à des préjugés barbares; des atteintes mortelles ne sont plus portées à la population nationale.

Les soldats se mariaient peu, et près de deux cent mille Français étaient dévoués à la fois à la mort et au célibat. — *Aujourd'hui, tout Français est soldat et se doit à la défense de la Patrie.* Mais tout Français est citoyen, et peut et doit donner des citoyens à l'État.

La conscription militaire (*a*), institution

(*a*) Voyez la Loi sur le mode de formation de l'Armée de terre, du 19 Fructidor an 6.

vraiment nationale, qui crée une génération guerrière et invincible, prépare, par un renouvellement périodique des armées, le retour successif dans leurs foyers des braves qui les ont défendus. Les plus jeunes sont toujours les premiers appellés. Ceux qui sont mariés, ceux qui ont des enfans, ont acquitté leur dette, et ne doivent marcher que dans un danger extrême. Les noms d'époux et de pères ne sont plus interdits aux soutiens de l'État. Les enrôlemens volontaires maintiennent l'enthousiasme patriotique. Le mode de formation de l'armée est en même tems le plus conforme aux principes de l'égalité républicaine, de l'honneur militaire, et aux intérêts politiques, qui doivent faire encourager la population.

La paix, qui va doubler toutes nos richesses, nous rendra sous peu de jours les généreux vainqueurs qui ont protégé et aggrandi notre territoire. Chaque commune de la France en recevra un grand nombre dans son sein. Les uns, dans des professions honorables, continueront de servir leur pays; les autres seront appellés aux emplois publics, ou pourront dans l'intérieur associer les douceurs de la vie civile aux devoirs de l'état militaire. Des mariages nombreux, favorisés par le Gouvernement, augmenteront la population, et procureront à la République une race d'hommes robustes et courageux, qui aura bientôt réparé les pertes de la guerre.

« Pendant que les maladies et les guerres, disait Auguste aux Romains (*a*), nous enlèvent tant de citoyens, que deviendra la ville, si on ne contracte plus de mariages? La cité ne consiste pas dans les maisons, les portiques, les places publiques; ce sont les hommes qui font la cité ». — Une ville n'est jamais sans murailles, lorsqu'au lieu de remparts, elle a autour d'elle des citoyens généreux et intrépides pour la défendre.

L'effrayante inégalité de la distribution des richesses (28) n'était pas moins pernicieuse à la population. Des fortunes énormes engendraient un luxe désordonné. L'excès du luxe diminuait les mariages, surtout parmi les riches. Plusieurs restaient célibataires, parce qu'il était plus honorable d'avoir des palais, des chevaux, des équipages, que de donner des enfans à l'État et

(*a*) Montesquieu, Esprit des Lois, Liv. 23, Chap. 21.

de vivre dans la médiocrité. La mollesse, compagne du luxe et destructive des mœurs, renversait les idées les plus chères à la nature, les plus utiles à la société. On trouvait incommode, peu honnête pour une mère de nourrir ses enfans. La condition de mère était réputée fâcheuse ; l'éducation des enfans dispendieuse ou gênante. Que de raisons funestes à la fécondité! Tout se tient, par une chaîne invisible et immense, dans l'ordre social et politique.

La révolution, qui a bouleversé toutes les fortunes, soulevé toutes les passions, brisé tous les freins, de la religion (29), de la morale, des préjugés, des principes, excité tous les fermens de mécontentemens, de haines, de jalousies, d'ambitions, de discordes civiles, a sans doute augmenté plutôt que diminué la démoralisation générale. Mais le bouleversement des fortunes a opéré une plus grande division et une répartition moins inégale des propriétés. La classe des propriétaires s'est accrue, le sort des laboureurs s'est amélioré. Si les passions et les jalousies ont été soulevées parmi tous les ordres de citoyens, elles ont aussi développé un nouveau principe de vie et d'activité, qui ne demande qu'à être bien dirigé pour produire des effets salutaires (30).

Les anciens préjugés, qui honoraient l'oisiveté, qui flétrissaient le travail, ont fait place à des opinions plus raisonnables et plus justes. Une direction plus utile peut être donnée aux fortunes nouvelles; un plus sage emploi des richesses peut être inspiré par le Gouvernement. L'agriculture et le commerce peuvent en recevoir des encouragemens et des secours. Un luxe aveugle et frivole abuse et détruit; un luxe bien ordonné peut favoriser l'industrie, en augmentant la consommation, et tourner au profit de l'Etat, en s'attachant à des objets nationaux.

Les mariages encouragés ramèneront insensiblement les mœurs, le goût des vertus domestiques et le bonheur des familles, dont se compose le bonheur des nations. Les ravages causés dans la population française par une révolution et une guerre de dix années, qui ont réuni leurs moyens de destruction, n'auront été qu'éventuels et momentanés, et seront à peine apperçus.—«Lorsqu'un Etat, dit Montesquieu (*a*),

---

(*a*) Esprit des Lois, Liv. 23, Chap. 28.

se trouve dépeuplé par des accidens particuliers, des guerres, des pestes, des famines, il y a des ressources. Les hommes qui restent peuvent conserver l'esprit de travail et d'industrie; ils peuvent chercher à réparer les malheurs et devenir plus industrieux par leur calamité même. Le mal presqu'incurable est lorsque la dépopulation vient de longue main par un vice intérieur et un mauvais Gouvernement ».

Ici, nous voyons, que, si, *dans l'ancienne France, l'état religieux, les privilèges et la considération accordés à noblesse, la constitution militaire, l'excessive inégalité des fortunes, le luxe, la pauvreté se réunissaient pour arrêter la propagation des hommes;* dans la France républicaine, au contraire, tous ces obstacles ont disparu et tous les principes actifs de population peuvent être facilement développés.

19. *L'emploi des hommes dans les différentes professions sociales offrait des inconvéniens également multipliés, et on eut dit qu'on s'était proposé de rendre les citoyens le moins profitables que possible à leur Patrie.* 19. De l'emploi des hommes.

Au milieu de cette organisation vicieuse que nous avons observée, deux seuls états paraîssaient susceptibles d'une heureuse propagation, par l'aisance et par la médiocrité, les *laboureurs* et les *commerçans*.

Mais, dans la classe des *laboureurs*, les campagnes fournissaient autant de prodiges en misère que les villes en pouvaient montrer en richesses. C'était sur eux que le poids des charges publiques tombait le plus durement. Un laboureur, qui n'avait pas le nécessaire, craignait, comme un malheur, le grand nombre d'enfans. La crainte d'une insupportable détresse en empêchait plusieurs de se marier; et, jusques dans cette classe nourricière, qui est la substance des nations, les mariages étaient devenus moins féconds et moins fréquens; et une cause nécessaire de destruction prenait des accroissemens insensibles, mais rapides.

L'excès des taxes et leur mauvaise répartition effrayaient l'agriculteur. Il craignait de défricher un nouveau champ, d'augmenter le nombre de ses bestiaux. Il n'avait pas d'espérance de devenir plus riche, et son intérêt était de se montrer pauvre. C'était une maxime reçue qu'il ne fallait pas que le paysan fût dans l'aisance ; et le dépérissement du corps se joignait à l'anéantissement des facultés de l'ame, à la dégradation et à l'abrutissement. Je ne peux me lasser d'invoquer encore à l'appui de mes principes l'immortel auteur de l'Esprit des Lois : « C'est la facilité de parler et l'impuissance d'examiner, qui ont fait dire, que, plus les sujets étaient pauvres, plus les familles étaient nombreuses ; que, plus on était chargé d'impôts, plus on se mettait en état de les payer : deux sophismes, qui ont toujours perdu et qui perdront à jamais les monarques (a) ».

La milice, cette loterie de malheur et de mort, dont les classes inutiles et oisives étaient exemptes, ravageait exclusivement celles que la société avait le plus d'intérêt d'épargner.

Ainsi, *la classe des hommes qui procurent à l'Etat les deux biens les plus essentiels, les subsistances et les matières des manufactures, tendait continuellement à se dépeupler. Tout semblait disposé en France, pour qu'il y eût le moins de laboureurs qu'il était possible.*

(a) Esprit des Lois, Liv. 23, Chap. 11.

Le même système, étendu à toutes les branches de la société, devait entraîner les mêmes conséquences dans les classes si précieuses des *artisans* et des *commerçans*.

Toute gêne ou charge imposée sur les artisans tend directement à détruire l'espèce, et indirectement, en diminuant la consommation par l'augmentation du prix de la main d'œuvre et par la diminution du travail. La longueur des apprentissages, les barrières élevées entre un artisan et le métier qui convenait à son talent naturel; par-tout des entraves à l'industrie, qu'on impose au lieu de la récompenser, et qui paie à l'Etat, précisément parce qu'elle produit une valeur qui n'y existait point; les charges des maîtrises, les communautés, les privilèges exclusifs, la multiplicité des statuts et réglemens, dont le prétexte était le bien du commerce et qui en étaient le fléau; les créations journalières de nouvelles charges et de nouveaux privilèges, moyens ruineux et meurtriers, par lesquels on prétendait réparer nos finances, en énervant tous les ressorts de l'Etat; la quantité prodigieuse de fêtes consacrées à l'oisiveté ou à la débauche, qui diminuait d'autant la somme du travail de l'année; la réduction du nombre des commerçans proportionnée à celle des artisans, ces deux classes étant réciproquement dépendantes l'une de l'autre par une connexion intime et des rapports continuels; la passion donnée aux citoyens devenus riches d'acquérir la noblesse, c'est-à-dire, de se soustraire aux taxes prélevées sur l'industrie, en retirant du commerce des fonds dont ils achètent des charges qui les en exemptent; les mobiles de l'honneur et de la vanité si puissans chez un peuple, où ils étaient l'essence de l'esprit national, négligés à l'égard des professions les plus utiles et employés seulement à des objets nuisibles; les marchands, les fabricans, les manufacturiers méprisés et cherchant dans d'autres états une considération ruineuse pour eux et pour la patrie: — Telles étaient les causes qui plongeaient le commerce dans la faiblesse et le dépérissement.

Les Classes les plus utiles à la Société, celles qui l'alimentent, qui la nourrissent, qui produisent les revenus publics, étaient les plus accablées de charges, les plus découragées, les plus avilies. La plus grande tendance des citoyens était, au contraire, portée vers les professions qui produisent le moins à l'État, et qui sont le moins susceptibles de population.

Les quatre états par excellence étaient *le clergé, le militaire, la finance et la robe.*

Nous avons reconnu qu'il aurait été du véritable intérêt du Gouvernement de diminuer les deux premières classes, et que tout tendait à les augmenter et à leur faire excéder leur proportion. Le même vice existait dans les deux autres.

La perception des impositions étant une dépense nécessaire qui ajoute à leur poids, le receveur pouvant dans une autre profession produire un bien réel à la patrie; on doit réduire, autant qu'on peut, le nombre d'hommes employés à cette perception. — Mais, dans l'ancienne France, le genre de taxes, leur nombre, les douanes intérieures multipliées avaient fait multiplier en même proportion les receveurs des droits.

La classe des Financiers était celle vers laquelle les autres se portaient avec le plus d'empressement et de fureur : d'abord, parce qu'on y faisait de grandes fortunes, et que l'argent était la seule route des honneurs et des emplois; ensuite, parce que la Finance avait été elle-même rendue susceptible de noblesse et d'illustration.

Les lois et l'exercice de la justice étant plutôt le remède d'un mal qu'un bien positif dans l'État, on doit préférer les voies les plus simples, et qui emploient le moins de citoyens. — Dans l'ancienne France, les Magistrats, les Juges des Cours supérieures et subalternes, royales et seigneuriales, les Suppôts de la justice, les Avocats, les Procureurs, les Notaires, les Huissiers formaient une corporation immense, dont les ramifications se multipliaient à l'infini, et qui s'alimentait de la substance et du sang de toutes les autres classes de l'État. Elle enlevait une foule de sujets aux professions plus utiles. Elle faisait de l'Administration de la justice comme un tortueux labyrinthe, un abyme sans fond, où venaient s'égarer et s'anéantir la bonne-foi, la concorde, l'équité naturelle, tous les principes, toutes les vertus et toutes les fortunes des particuliers.

La robe et la finance aspiraient, comme toutes les autres professions, à venir s'absorber dans la noblesse, qui n'emportait avec elle que le honteux honneur et la nécessité de vivre sans rien faire, et à la charge de l'État.

Le plus grand nombre des professions, qui emploient les hommes, avait donc des principes opposés à la propagation, ou des causes nécessaires de destruction.

Le Français observateur, qui méditait sur l'Administration de sa Patrie, et la comparait au Gouvernement d'une nation voisine et rivale, se demandait avec douleur, comment la Grande-Bretagne, moins riche de plus de moitié que la France, en hommes et en terres, pouvait posséder une marine, un commerce et des revenus si supérieurs, en proportion du nombre de ses habitans et de l'étendue de son territoire. . . . — L'aisance des laboureurs en Angleterre, le séjour fréquent des riches propriétaires dans leurs terres, la culture des bleds encouragée, un corps nombreux d'artisans et de commerçans considéré, des Ministres du culte seulement pour l'instruction, des troupes de terre en nombre médiocre, un corps de marine considérable, une surveillance attentive du Gouvernement sur tous les objets d'économie politique, auraient donné la solution de ce problême.

20. *L'ancienne France n'employait pas mieux le génie et l'esprit de ses citoyens, qu'elle n'employait leurs bras.* 20. De l'emploi des talens.

Elle était couverte d'écoles, de colléges, d'académies. La langue française avait dans la capitale son académie particulière. Les belles-lettres, les sciences, la peinture, la sculpture, la musique avaient aussi les leurs. Toutes les provinces avaient érigé des académies, à l'envi les unes des autres. Malgré leur grand nombre, aucune ne manquait de membres. Leur multiplicité, l'ambition d'y être admis, d'y être couronné, les concours, les prix faisaient naître une infinité d'écrivains, qui étaient enlevés à l'agriculture, aux arts et au commerce. Car la profession d'auteur, en France, était une profession exclusive, privilégiée, stérile, qui dispensait d'en exercer aucune autre. Et combien de mauvais faiseurs de plus mauvais ouvrages eussent été de bons laboureurs, d'industrieux artisans, des négocians actifs, des citoyens utiles!

En examinant les différentes questions, dont s'occupaient ces académies et qui étaient traitées dans les livres, on trouvait les connaissances, les sciences, les arts de pur agrément toujours préférés à ce qui offrait des avantages réels. Mais surtout, l'esprit, la manière d'écrire étaient l'objet de tous les soins. On sacrifiait le fond à la forme, les idées au style, les choses aux mots, la manière de penser et le choix des matières à la méthode, à l'harmonie et aux graces, et tout à la manie de la frivolité.

Parmi tant d'académies si libéralement répandues sur toute la France, le commerce, les arts mécaniques, l'agriculture, avaient à peine mérité quelques sociétés particulières et n'obtenaient qu'une attention médiocre, confondus, ou plutot étouffés parmi tant d'autres sciences, réputées plus nobles et plus agréables. On distribuait des prix pour multiplier les beaux esprits, les littérateurs, les poëtes, les savans, les peintres, les sculpteurs. On n'avait point imaginé de les employer pour multiplier les agriculteurs, les manufacturiers, les artisans. Aucuns fonds, publics ni particuliers, n'étaient destinés à encourager les découvertes avantageuses à la société.

L'éducation publique, si admirablement organisée à certains égards, et qui faisait germer toutes les idées républicaines au sein de la monarchie ; qui offrait dans nos colléges autant de petits États ; où le rang ni la fortune n'obtenaient aucune supériorité, où le mérite même était souvent puni de celle qu'on était forcé de lui accorder, où l'indépendance et l'égalité étaient les souverains biens ; où les élèves, sans cesse transportés vers une patrie imaginaire, n'habitaient jamais la leur, apprenaient l'éloquence de Demosthènes et de Cicéron, l'amour de la liberté de Trasybule et de Brutus ; où, comme chez les Grecs, combattant aux jeux olympiques, les seules récompenses étaient des couronnes de laurier, et la seule passion le désir de la gloire, ennemi nécessaire du despotisme; où enfin les jeux même portaient l'empreinte des idées qui remplissaient les ames: l'éducation publique n'était pas cependant exempte, sous plusieurs rapports, du vice général des académies ; et l'étude des langues, qui avait presqu'uniquement occupé les précieuses années de l'enfance, ne préparait souvent, au sortir des écoles, que des gens de lettres, des pédans, des auteurs, des demi-savans, et bien peu de citoyens propres aux professions sociales.

21. Résultats généraux de la révolution.

21. Si l'éducation nationale, depuis la révolution, n'a pas encore été co-ordonnée à la Constitution politique de l'État, et n'a point reçu la vaste et définitive organisation qu'elle réclame et que lui promet le Gouvernement qui aura établi la paix extérieure et intérieure, et le ministre qui a déjà indiqué les bases des plans les plus convenables pour la théorie et pour la pratique (31); du moins faut-il avouer que l'esprit national a beaucoup perdu, sous quelques rapports, de cette frivolité qui le dominait tout entier. Nos longues discussions politiques, nos délibérations, nos clubs, nos assemblées, nos différens partis, nos proscriptions même et nos malheurs ont tourné les esprits vers des objets importans, vers des méditations sérieuses. Les diverses branches de l'économie politique ont fixé les regards. Des sociétés d'agriculture se sont formées sur tous les points de la France. Des questions d'une utilité réelle ont été proposées pour sujets de prix, et ont produit des observations précieuses. Une infinité de découvertes et d'inventions salutaires ont offert le génie créateur des arts rivalisant avec le génie des batailles, pour illustrer et pour affermir la République.

Les talens, affranchis de mille entraves et mieux employés, ont pris un plus libre essor, et ont été dirigés vers un but plus noble et plus grand, la gloire et la prospérité nationales.

Les professions les plus utiles ont été arrachées à l'État d'avilissement et de mépris, qui en écartait les citoyens.

Les classes parasites, qui dévoraient toutes les autres, ont été diminuées ou détruites.

La considération a été attachée à l'utilité plutôt qu'à l'éclat, au mérite réel plutôt qu'aux titres de la vanité et à la fainéantise orgueilleuse.

Les laboureurs ont vu disparaître les dixmes, les corvées, les chasses, les justices seigneuriales. L'abondance est venue sourire à leurs travaux. Les restes de la féodalité se sont évanouis. Les chaumières ont été moins opprimées; beaucoup de terres en friche sont devenues fécondes.

Les artisans ont éprouvé moins d'entraves; la concurrence et la rivalité ont excité l'industrie; la liberté a protégé le commerce.

Si la nécessité de repousser les efforts

d'une coalition impie et de garantir nos frontières a privé nos campagnes et nos ateliers d'une infinité de bras, notre commerce et notre industrie d'un grand nombre de citoyens, les campagnes n'en ont pas moins été couvertes des plus riches moissons ; le commerce n'en a pas moins vu s'ouvrir une carrière plus vaste à ses entreprises : pour des malheurs momentanés, nous avons acquis des biens réels et durables.

Oui, sans doute, si la révolution a entraîné au milieu de nous, dans son cours orageux, beaucoup d'abus, beaucoup de crimes, d'innombrables calamités, elle a aussi détruit une foule incalculable d'abus invétérés et monstrueux, de malheurs publics, de germes de dissolution sociale. Elle a produit de grands résultats ; elle a donné au Gouvernement, qui prend les rênes publiques après tant de crises et de vacillations, des moyens immenses de faire le bonheur du peuple, et d'effacer la gloire de tous les Gouvernemens des autres pays et des autres siècles.

On veut toujours confondre (32) une institution bonne et sublime en elle-même avec les abus et les forfaits que les passions humaines et la force des évènemens y ont incorporés. On ne veut jamais consulter que les froids calculs de l'égoïsme, les passions personnelles, les intérêts privés; on se renferme dans un cercle étroit et borné, pour juger la plus étonnante des catastrophes. Des hommes, qui, dans un tems, prétendaient à quelque réputation de philosophie, qui se disaient Français, ne craignent pas de calomnier à-la-fois la philosophie, les lumières, la liberté, leur nation et eux-mêmes, en s'attachant à décrier, par un esprit systématique, toutes les époques, tous les actes, tous les personnages, tous les effets de cette révolution. Ils s'étudient à n'en considérer que la partie honteuse et odieuse, et ils cachent avec soin le revers de la médaille, qui présente des tableaux si touchans, des traits si héroïques, des avantages si incontestables, des causes si fécondes de grandeur et de gloire.

Ah! soyons de bonne-foi avec nous-mêmes. Osons embrasser dans notre pensée les intérêts de vingt millions de citoyens. Envisageons, sans prévention et avec impartialité, le régime sous lequel végétait la France Monarchique, et les destinées qui sont promises à la France Républicaine. Rappellons-nous cette première aurore, ces beaux jours d'une révolution, que favorisaient alors tous les vœux, toutes les opinions des Français. Remontons aux circonstances qui la précédèrent, aux causes qui la produisirent : et, puisqu'elle a été amenée par le cours irrésistible des choses, puisqu'elle ne peut plus être effacée de nos annales, puisqu'elle a marqué de son empreinte indestructible le siècle qui vient de se fermer ; que, du moins, le siècle qui commence en recueille les fruits.

Sachons nous approprier les biens qui sont en notre pouvoir, puisque nous n'avons pas su prévenir les maux et les ravages des passions. Ayons cet esprit national, qui cherche à couvrir d'un voile officieux les fautes, dont le souvenir peut atténuer la gloire de la nation : ayons cet amour de la patrie, qui réunit et concentre dans un seul sentiment toutes les opinions, toutes les affections, toutes les pensées : investissons le Gouvernement de cette force morale de l'esprit public, qui est le levier le plus puissant en politique, la massue d'Hercule qui renverse tous les obstacles, le feu de Prométhée qui donne à tout l'action et la vie.

22. Les progrès insensibles de l'instruction répandue dans toutes les classes de la société, les modifications qui en étaient résultées dans les mœurs nationales; une monarchie d'abord tempérée dégénérant en despotisme absolu; les prétentions et les luttes des parlemens et de la cour; les actes vexatoires et arbitraires des grands, les incertitudes et les injustices des tribunaux; l'usage oppressif du ministère de faire passer ses arrêts pour des lois; les impôts multipliés sous toutes les formes et mal répartis; la rapacité insatiable du fisc desséchant tous les rameaux de la prospérité publique; les dilapidations, le désordre des finances, le ver rongeur de l'agiotage; le commerce gêné par mille entraves, l'industrie par les privilèges; une armée de traitans pillant la France; le dédain et l'orgueil foulant aux pieds les habitans des campagnes écrasés par la misère; l'honnête agriculteur forcé de préférer l'état de valet à celui de nourricier de la patrie; l'insolente domination des castes privilégiées; le tiers-état compté pour rien, exclus de tous les emplois, privé de tous les avantages sociaux; le peuple traité comme un vil bétail; les vexations de tout genre exercées

22.

Précis des causes qui ont amené la révolution et créé la République.

en tous lieux; les chasses, les milices, les corvées; le cahos des lois civiles, la barbarie des lois criminelles; l'éloignement, la lenteur et la cherté des cours de justice; la vénalité des charges, les lettres de cachet; la nation enfin profondément frappée du sentiment des maux présens, du besoin d'un changement, de la possibilité d'un meilleur avenir; impatiente de provoquer et d'obtenir une délibération solemnelle sur les intérêts publics, de régénérer son état politique, d'acquérir une constitution, l'égalité, la garantie de ses droits : telles furent les causes qui rendirent une réforme totale indispensable. Un murmure sourd et général, précurseur des grands bouleversemens, un mécontentement universel et réfléchi annoncèrent l'explosion. Elle avait été prévue et prédite par les observateurs et par les philosophes. Elle était dans le cours inévitable des évènemens et dans la loi impérieuse de la nécessité (33). Les efforts même, réunis pour l'étouffer, ont doublé sa violence, affermi ses principes et assuré ses succès.

Cette révolution a développé toutes les ressources du génie d'un grand peuple : elle a fait éclorre des passions et des vertus, des talens et des crimes. Elle a produit des monstres et des héros, des exploits sublimes, des forfaits hideux, des conspirations, des assassinats, des fureurs sanguinaires, des victoires, des conquêtes, des actes héroïques, des bouleversemens d'états, des Républiques nouvelles. Elle a submergé les institutions antiques. Elle a enfanté une République puissante dans une monarchie faible et dégénérée.

Du sein des abymes et des malheurs, où la nation a été successivement plongée par les fureurs des partis, et surtout par l'influence étrangère, qui est intervenue dans toutes nos crises politiques, pour les corrompre, nous avons vu sortir de nombreuses améliorations et de grandes espérances.

23. *Apperçu des motifs qui intéressent tous les Français au maintien de la République, résultat de la révolution.*

23. Si les ennemis les plus acharnés de la révolution française, sont forcés de lui rendre cet hommage, qu'elle a opéré une partie des biens, pour lesquels elle avait été faite; si, dans le parallèle que nous avons tracé entre la situation et les moyens de la France Monarchique, et l'état présent et les ressources de la France Républicaine, nous puisons cette conviction, que la plupart des désavantages ont disparu, que tous les avan-

tages restent; si, dans le développement de modifications qu'a reçues l'organisation sociale, des principaux actes du Gouvernement Consulaire, pendant l'an 8, des résultats généraux et définitifs de la révolution, et des effets inévitables de la paix, nous trouvons des biens réels assurés à toutes les classes de citoyens; si, enfin, nous reconnaissons que l'anéantissement de cette révolution, la subversion de ses principes, la chûte de la République et de son Gouvernement, loin d'offrir des dédommagemens et des compensations à ceux qui croiraient y voir des moyens de s'indemniser de leurs pertes et de leurs sacrifices, ne seraient, au contraire, qu'une aggravation des malheurs publics et particuliers, une répétition des scènes affligeantes et déplorables qui ont dévasté notre patrie; si nous avons eu, dans les écrits de l'étranger, dans les pièces des conspirations ourdies contre la République des preuves matérielles, qu'il ne s'agissait pas seulement de renverser le systême républicain, mais de dissoudre et de démembrer la France; si la dissolution et le démembrement de l'Empire Français devaient infailliblement entraîner de tels résultats, que l'Europe entière et le monde seraient replongés dans la servitude féodale et dans la barbarie, au lieu que l'influence de la révolution bien dirigée et de la République Française affermie, doit avancer de plusieurs siècles les progrès de la civilisation, et rappeller la politique à sa destination primitive et morale, de rendre les hommes plus sages et plus heureux : alors, non-seulement les amis de la République, les citoyens paisibles, les propriétaires, les soldats, mais encore tout ce qui porte un cœur français, tous ceux pour qui le mot de patrie n'est pas un vain nom, tous les hommes qui, dans l'Europe ou sur quelque point du globe, conservent des idées libérales et des affections généreuses; les partisans même de la Royauté, qui n'ont pas abjuré toute sensibilité, toute raison, se trouveront essentiellement liés, par la force des choses, par leur conscience, par leurs intérêts, à la cause de la liberté.

Quoique plusieurs de ceux même qui ont eu part à la révolution, aient été réduits, dans différentes circonstances, à regretter qu'elle eût été faite, puisqu'elle paraissait détournée pour jamais de son cours et de son véritable but ; quoiqu'un petit nombre de royalistes incorrigibles n'ait cessé d'invoquer et d'espérer le rétablisement du trône, comme les Juifs attendent leur Messie ; aujourd'hui que, par un long circuit d'évènemens et de vicissitudes qu'il était impossible à la prudence humaine de calculer, nous sommes arrivés à une époque et sous un Gouvernement, où la plupart des améliorations qui avaient été projettées, peuvent être réalisées sans secousse et sans danger, quel serait l'homme insensé ou barbare, qui formerait encore un seul vœu pour la contre-révolution, ou le retour de la monarchie ?

La contre-révolution ne serait qu'une révolution nouvelle ; et, par cela même qu'on a la terrible expérience de celle qui a précédé, on ne doit plus en vouloir. La contre-révolution dévorerait ses auteurs, comme la révolution a dévoré les siens. La monarchie écraserait ceux qui l'auraient relevée. Les royalistes eux-mêmes seraient dupes et victimes, et l'étranger régnerait seul sur les ruines de la patrie.

L'étranger ne voudrait pas plus alors d'un royaume de France, que d'une République

Française. Il l'a prouvé (*a*). Par ce mot *l'étranger*, j'entends sur-tout le Gouvernement Anglais, qui a été le principal moteur et l'ame de la coalition. — Il voulait détruire l'unité de notre territoire. Il sait ce qu'a pu la France, sous Louis XIV, comme sous le Gouvernement révolutionnaire, sous le Directoire même, malgré sa faiblesse, et sous l'Administration restauratrice des Consuls. C'est la masse française qui lui paraît redoutable; il espérait l'anéantir. Il en promettait le partage et les lambeaux aux rois coalisés. Il promettait, dans le même tems, aux amis de la royauté, en France, de faire restituer la couronne aux Bourbons, dont il avait favorisé la chute, et de rétablir l'ordre, qu'il n'avait travaillé qu'à troubler et à rendre désormais impossible à renaître.

La barbare influence, exercée dans le royaume de Naples par le cabinet Anglais, a mis dans tout son jour le système infernal de ce Gouvernement insulaire, qui veut ravager et dépeupler le Continent, sans distinction d'alliés ni d'ennemis.

(*a*) Voyez la note 5, *Aveu de Dumouriez*.

A Naples, on a proscrit et fait périr des individus de tous les partis et de toutes les classes. Celui-ci est riche, on en veut à ses biens. Celui-là n'a point suivi le roi dans sa fuite, on en veut à son opinion. L'un a un ennemi, l'autre un débiteur ou un créancier. L'un a occupé un emploi, l'autre n'a voulu se mêler de rien. Ceux-ci ont des principes; d'autres, des talens. Tous sont suspects ou dangereux : tous sont inscrits sur les listes fatales. — Tous les prétextes sont bons, toutes les accusations sont admises. Les délations, les calomnies, les arrestations arbitraires, les exils, les déportations, les confiscations, les assassinats ravagent les familles. Le sang inonde au loin l'empire (34).

Des simulacres de tribunaux se prostituent à toutes les bassesses et à tous les forfaits. Les moindres détails de la vie, les paroles, les gestes, le silence; les offenses, les bienfaits; les amitiés, les haînes; la richesse, la pauvreté; tout devient crime dans le code industrieusement subtil de la tyrannie. — Caligula, ayant divinisé sa sœur, après sa mort, faisait périr ceux qui la pleuraient, parce qu'elle était déesse, et ceux qui ne la pleuraient pas, parce qu'elle était sa sœur. Il lui fallait des victimes pour les dépouiller ; il se ménageait les moyens d'assouvir à la fois sa rage et sa cupidité.

Les scènes sanglantes, qui ont effrayé les regards de l'Europe fixés sur le sol napolitain, se reproduiraient dans toutes les villes, sur tous les points de la France, si l'affreuse contre-révolution pouvait avoir lieu.

Les vrais émigrés rentrant en foule, l'ame pleine de vengeances ; la noblesse et le clergé, renaissant de leurs ruines, réclameraient leurs propriétés dispersées, livreraient à la mort et à la proscription les acquéreurs de biens nationaux, couvriraient la France de dissentions, de meurtres, et de brigandages. Tout ce qui a été dans les administrations, dans les tribunaux, dans les assemblées législatives, serait réduit à se cacher, ou à fuir du sol français. Les militaires, épargnés d'abord, et même peut-être entourés un instant de perfides bienfaits et d'hypocrites promesses (35), ne tarderaient pas à être isolément flétris, chassés et déclarés rébelles. — Un tyran, sous un nom quelconque, laisserait à dessein régner la licence, et lâcherait le frein à toutes les passions et à tous les désordres, pour s'assurer des créatures. Les institutions et les garanties seraient détruites : plus de représentation nationale, de jurés, de juges de paix, de liberté de la presse, de liberté civile, de propriétés; le mot *République* deviendrait un signal de mort. — Des espions, des délateurs, des bourreaux, des assassins; une administration faible et atroce, obligée de spéculer sur la corruption, sur les vengeances et sur tous les crimes; des parlemens, des intendans, des gouverneurs, des droits seigneuriaux, des dixmes, des gabelles, des corvées; les gibets, les massacres, le droit du plus fort, la domination de l'épée, le règne des fusillades, la servitude, la guerre civile feraient peut-être, après de longs malheurs, renaître l'insurrection et la liberté. Peut-être aussi, cette première tyrannie, qui ne pourrait durer long-tems, comme tout ce qui est extrême, ferait place à une autre plus cruelle et plus sanguinaire, à celle de l'étranger dévastateur.

Les Gouvernemens royaux et héréditaires, qui se regardent comme propriétaires, ont du moins quelquefois un esprit d'ordre et de conservation. Les Gouvernemens, essentiellement nationaux et renfermés par leur organisation et leur nature dans la route étroite du bien public, offrent une garantie, et maintiennent et conservent. Mais, malheureux les peuples, qui, n'ayant ni Gouvernement héréditaire, et se croyant propriétaire, ni Gouvernement national et conservateur, sont livrés aux mains d'étrangers avides, qui ne veulent que prendre et jouir, dévaster et détruire, et qui n'ont aucune idée de durée, aucune pensée de système social, aucun intérêt ni aucun soin de ménager les ressources du sol, ni les fortunes et le sang des citoyens!

Nous sommes donc tous intéressés à ce qu'un successeur des Bourbons, ou un fantôme de roi ne reparaîsse pas au milieu de nous, avec les émigrés qui ont porté le fer contre leur patrie, avec les sicaires, les brigands et les étrangers.

Tout ce qui est Français doit avoir la contre-révolution en horreur. Il faut que les Français s'isolent des intrigues étrangères, se resserrent autour de leur Gouvernement, se rapprochent, négocient, traitent leurs affaires entr'eux, et conservent la République pour conserver leur Patrie.

24. *Derniers efforts de l'Angleterre.* 24. Mais, plus le renversement du Gouvernement et du système républicain entraînerait des troubles affreux et d'incalculables malheurs, plus le génie malfaisant de l'Angleterre caresse dans son délire cette horrible perspective, désormais impossible à réaliser.

Plus la situation actuelle de la République Française, sous les rapports militaire, politique et administratif, au moment de la paix continentale, est brillante au déhors et dans l'intérieur ; plus elle atteste le génie, la force et les succès de son Gouvernement, et lui promet des destinées glorieuses et d'inappréciables avantages : plus aussi, le cabinet Britannique, dévoilé dans ses projets ambitieux et destructeurs, abandonné des alliés qu'il voulait sacrifier, perdu dans l'opinion même du peuple qu'il a trompé, redouble maintenant les efforts de sa rage expirante, pour changer tous nos lauriers en cyprès, notre union en guerre civile, notre Gouvernement en anarchie, et pour agiter et ensanglanter l'Europe et le monde.

C'est le cabinet Britannique, qui avait établi à Paris cette contre-police (*a*) active et incendiaire, chargée de combiner par tous les moyens et par tous les crimes, par les calomnies, les divisions et les conspirations, la ruine du Gouvernement qui a sauvé la patrie.

C'est le cabinet Britannique, qui avait couvert la France d'une organisation régulière, invisible et permanente de vols et de pillages des courriers et des voitures publiques, de brigandages et d'assassinats.—C'est par lui que nos routes avaient été infestées de régimens de sicaires et de tribus errantes de bandits et de meurtriers. C'est par lui que la France serait tombée dans les horreurs de Rome pendant la guerre des esclaves, ou dans l'anarchie des anciennes Gaules, sous le régime féodal, et dans une sorte d'état sauvage et barbare, sans l'activité vigilante et protectrice de la police républicaine.

(*a*) Voyez le Recueil des Pièces de *la Conspiration anglaise* cité dans les notes 9 et 35.

C'est lui qui avait placé dans les bureaux même de nos ministères, des espions adroits, pour lui transmettre tous les plans, tous les actes, tous les secrets du Gouvernement (36). C'est lui qui avait médité l'invasion du port de Brest, par une lâche trahison, et l'importation en France d'une nouvelle cargaison de poignards et de complots.

C'est le cabinet Britannique, qui, dans son désespoir d'avoir vu s'éteindre et se fermer les volcans de l'Ouest, avait disséminé tous ses agens, et stipendié tous les forfaits sur toutes les parties de notre territoire.

C'est lui qui avait inscrit sur des tables de mort les noms de tous les hommes, sans exception, qui ont figuré dans la révolution française, de tous les guerriers généreux qui ont défendu la République avec gloire, de tous les acquéreurs de biens nationaux, dont les propriétés, les fortunes, les têtes étaient promises à l'avidité et à la vengeance.

C'est le cabinet Britannique qui espérait pouvoir, comme sous l'administration faible et toujours tremblante du Directoire Exécutif, fomenter à Paris des rivalités et des guerres intestines entre les premières autorités, et armer les gouvernans et les gouvernés les uns contre les autres (*a*).

C'est aussi le cabinet Britannique, qui aurait voulu qu'au lieu de rappeller seulement les citoyens estimables, mais pusillanimes, et les victimes frappées injustement aux époques malheureuses de la révolution ; au lieu de rendre à la société des cultivateurs, des artisans, des hommes utiles et précieux, qui avaient été confondus sur les listes trop nombreuses des émigrés avec de véritables assassins de la patrie, on eût ouvert les frontières de la France à tous les émigrés indistinctement, qui, s'annonçant d'abord comme amnistiés, parlant ensuite d'amnistier les autres citoyens, s'érigeant bientôt en proscripteurs, auraient, par cette gradation rapide, dont nos annales révolutionnaires ont fourni tant d'exemples, ramené ces jours de destruction et de ravage, qui seraient des jours de triomphe, et le complément des plus féroces espérances pour nos cruels ennemis.

(*a*) Voyez pages 55, 107 et 124 du Tome 1er de la *Conspiration anglaise*, ouvrage cité ci-après dans les Notes.

C'est enfin dans l'arsénal horriblement fécond des intrigues et des conspirations anglaises, qu'avait été préparée l'exécrable machine infernale du 3 nivôse, qui devait détruire le Gouvernement, anéantir la paix, livrer la France à la dissolution et au cahos, et même, en ne réussissant pas à remplir le but principal, porter du moins la terreur dans toutes les ames et obliger les Consuls, par la juste horreur du crime et la pensée de ses affreuses conséquences, à sortir de l'état de modération et d'impassibilité où ils avaient voulu se fixer.

Mais toutes ces trames criminelles se sont tournées contre ceux-mêmes qui les avoient ourdies. L'orgueilleux et sombre génie de l'Angleterre, qui avait vu passer et disparaître devant lui tous les hommes de la révolution française, qui était resté seul, immobile et triomphant, spectateur des ruines et des tombeaux, dont il avoit couvert notre patrie, a été réduit à reconnaître la supériorité d'un génie plus puissant. Il a renoncé à lutter contre la fortune victorieuse de la France républicaine.

25. Résumé sur 25. La contre-police royale a été déjouée.

Ses correspondances, ses machinations, ses projets mis au grand jour ont fourni de nouveaux moyens pour en couper tous les fils et pour en démasquer les auteurs.

notre situation, et principes généraux de gouvernement.

Les brigands et les assassins ont été journellement arrêtés, ou combattus sur tous les points de la France. — La gendarmerie nationale et les gardes civiques vont achever de rendre à tous les départemens le calme et la sécurité.

La liberté des voyages et la facilité des relations commerciales et des communications seront rétablies. Le sol français sera purgé des satellites impurs de l'Angleterre : une loi rigoureuse et terrible, destinée à mettre un frein à leurs excès, va rassurer, par ses effets salutaires, ceux même qui avaient d'abord paru la redouter.

L'accord et l'harmonie de toutes les autorités et de tous les individus, qui doivent coopérer aux actes du Gouvernement et qui se pressent autour de lui pour seconder ses travaux, serviront de modèle et de garantie à cette union générale des Français, qui est le premier besoin de la République.

Les êtres dénaturés, qui, après avoir fui leur patrie, ont porté les armes contr'elle, en seront irrévocablement éloignés; ceux qui, dans les lieux de leur exil, recevant à regret l'hospitalité sur une terre étrangère ou ennemie, tressaillaient encore d'un orgueil involontaire et d'une joie secrète au récit de nos triomphes, qui payaient un tribut d'admiration et d'amour à la terre natale; qui n'aspirent à y rentrer que pour y vivre paisibles, pour respecter les lois, pour donner l'exemple des vertus civiles et domestiques; ceux-là seuls, qui sont toujours Français, viendront avec nous sur l'autel de la concorde abjurer le souvenir de leurs infortunes et s'associer à la commune allégresse.

Les artisans odieux de la machination incendiaire du 3 nivôse, seront livrés à la rigueur inflexible des lois. Sur eux seuls retombera toute l'horreur de leur crime. Une lumière éclatante sera portée dans ces antres ténébreux, où se mûrissent les plus épouvantables forfaits, comme les éruptions des volcans dans les entrailles de la terre. — Mais, la défiance homicide, les pusillanimes terreurs, les insinuations haineuses, les propositions délirantes et sanguinaires, le systême des persécutions généralisées, la *peur* enfin, cet écueil de tous les gouvernans, ce principe de toutes leurs fautes, cette conseillère de toutes les mesures funestes, cette cause féconde et honteuse de toutes les luttes qui ont ensanglanté la révolution, ne trouveront point accès auprès d'un Gouvernement, qui est fort de l'hommage de tous les partis et du sacrifice de leurs inimitiés mutuelles, qui est confiant par le sentiment de sa force, et par l'appui de l'opinion; ni auprès d'un homme qui a bravé la mort dans les batailles, et qui est sorti vainqueur de tous les genres de périls, écartés de sa tête par l'ascendant de son génie et par le pouvoir de sa destinée.

Ni réaction, ni royauté, ni accusations en masse, ni mesures arbitraires; justice égale pour tous; *ne voir jamais les crimes dans les opinions, ni les opinions dans les crimes*. Telle est la profession de foi du Gouvernement.

Il l'a déclaré lui-même dans l'*Exposé de la situation de la République*, adressé le premier frimaire an 9, au corps législatif:

« .....Vouloir que l'homme désavoue avec éclat aujourd'hui ce qu'il professait hier, qu'il baise, sans murmurer, le joug des lois qu'il bravait tout-à-l'heure; ce n'est point de l'autorité, c'est de la tyrannie. Laissons au tems le soin d'achever son ouvrage. Le tems seul mûrit les institutions. Ce n'est qu'en vieillissant qu'elles parviennent à obtenir un respect absolu.

« Les administrateurs ont été choisis pour le peuple, et non pour l'intérêt de telle faction, de tel parti. Le Gouvernement n'a point demandé ce qu'un homme avait fait, ce qu'il avait dit dans telle circonstance et à telle époque ; il a demandé s'il avait des vertus et des talens ; s'il était inaccessible à la haîne, à la vengeance, s'il saurait être toujours impartial et juste....

« ... Les mêmes principes et les mêmes vues ont dirigé les choix des magistrats. Qu'ils jugent les affaires et non les opinions ; qu'ils soient impassibles comme la loi ; tel est le vœu, le seul vœu que doive former le Gouvernement.

« La Constitution leur garantit l'indépendance et la perpétuité de leurs fonctions ; c'est à la nation et à leurs consciences qu'ils répondent de leurs jugemens..... ».

Ainsi, sont étouffés et détruits pour jamais dans les autorités nationales, dans les administrations, dans les tribunaux, dans toutes les classes de citoyens, ces germes empoisonnés des inimitiés, des divisions, des injustices qui ont affligé trop souvent les amis de la patrie. Ainsi, les magistrats, attentifs à se respecter eux-mêmes, sont respectés par le peuple. Ainsi, vient se briser contre l'inébranlable fermeté du Gouvernement cette meurtrière influence des hommes toujours prêts à caresser l'autorité, à lui conseiller des mesures extrêmes, à la tromper, à la calomnier après l'avoir compromise.

Qu'ils rentrent dans une éternelle nullité ces dangereux caméléons, ces mobiles Protées, qui sont les fléaux de tous les Gouvernemens et de tous les peuples, qui savent prendre tous les masques et jouer tous les rôles, qui sont profonds dans l'art de la dissimulation, de l'hypocrisie et de la versatilité; ces politiques astucieux, si habiles à tout faire sans jamais paraître, à se bien ménager avec tous les individus et tous les partis, à garder dans les momens difficiles un langage de neutralité perfide; ces adroits conspirateurs, si exercés à soulever les tempêtes du sein de leurs retraites cachées, à mettre en avant les insensés pour accuser ensuite les sages, à renouer avec une infatigable constance les projets d'abord échoués; à spéculer, par les combinaisons d'un agiotage politique trop souvent couronné du succès, sur les crimes qu'ils ont provoqués, à s'approprier enfin tous les évènemens, quels qu'ils soient, et à tourner à leur avantage les hommes même et les circonstances qui leur sont contraires.

De pareils hommes pourraient régner sous une administration faible et vacillante, qui ne serait jamais sûre de sa volonté, qui ne serait plus maîtresse d'arrêter une première impulsion donnée, qui recevrait au lieu d'imprimer le mouvement. — Mais ils doivent disparaître et s'évanouir sous un Gouvernement fort, impassible et juste, qui ne veut avoir d'autre sentiment qu'une affection générale des citoyens, d'autre caractère qu'un esprit conservateur, libéral, indépendant des passions particulières, supérieur aux suggestions et aux craintes.

C'est cet esprit du Gouvernement Consulaire qui a créé ses ressources et opéré ses succès. C'était l'esprit de faiblesse, d'impéritie et de pusillanimité qui avait perdu le Directoire. — Sous l'administration directoriale, si elle eut pu être prolongée, de nouveaux torrens réactionnaires ou révolutionnaires se seraient débordés sur la France : les passions et les fureurs auraient été déchaînées de nouveau : la République n'existerait déjà plus.

La masse entière des Français s'est rattachée avec confiance au Gouvernement qui a offert un point de ralliement et un centre d'union ; qui a pacifié la Vendée ; qui s'est aidé de toutes les opinions tempérées entr'elles et de tous les partis ; qui a raffermi et consolidé la République chancelante ; qui a suivi habilement l'opinion, en lui cédant et la modifiant tour-à-tour ; qui a établi la liberté des cultes ; qui a rappelé en France les individus seulement que les scènes de la révolution avaient effrayés ; qui a fermé la liste des émigrés ; qui a prété une main protectrice aux négocians ; qui s'est occupé de l'industrie, des manufactures, de la navigation et de la prospérité intérieures ; qui a fait des prodiges militaires ; qui a conclu et cimenté de grandes alliances, signé la paix continentale ; et qui a présenté à l'Europe le spectacle d'un commandement des armées et d'une direction générale, dont les résultats, dans le cercle étroit d'une année, ont étonné toutes les imaginations et surpassé toutes les espérances.

Je ne prétends pas néanmoins que ce Gouvernement, au milieu des grandes choses qu'il a faites, dans le tourbillon d'intrigues, de projets divers, d'intérêts opposés, où il était placé, n'ait jamais été entraîné hors de la route étroite qu'il devait suivre et n'ait adopté aucun avis pernicieux, ni pris aucune fausse mesure. — Tous les hommes, et surtout les gouvernans, sont sujets à l'erreur. Il est même dans l'inévitable destinée de ceux qui gouvernent de ne jamais bien connaître, que par une tardive expérience, les effets de leurs opérations, quand elles sont vicieuses. — Ceux qui les ont conseillées, en font l'apologie : ceux qui sont frappés, ne peuvent se faire entendre.

Je ne prétends pas non plus qu'il n'y ait aucuns mécontens. Il y en a sous tous les Gouvernemens et chez les peuples les plus heureux. Il y en a surtout nécessairement en France, à la suite des longues tourmentes politiques, qui ont ravagé toutes les familles et bouleversé toutes les fortunes.

Mais

Mais je crois être l'interprète fidèle de l'opinion, en reconnaissant que les Consuls ont gouverné un pays, que la plupart des administrations précédentes avaient dévasté; qu'ils ont réalisé en une seule année un vaste plan d'amélioration, dont l'exécution eût paru chimérique, au moment où ils ont pris les rênes de l'Etat; qu'ils ont vaincu des difficultés presqu'insurmontables; qu'ils ont eu le mérite bien rare de profiter de l'expérience et d'éviter les fautes de leurs prédécesseurs; qu'ils ont fait, en un mot, tout le bien que pouvaient comporter les circonstances.

On ne juge pas un Gouvernement sur des mesures partielles, sur des actes pris au hasard, sur quelques plaintes isolées, mais d'après l'ensemble de ses plans, d'après les résultats généraux, d'après l'opinion nationale.

La manière la plus sûre d'apprécier la conduite d'un Gouvernement, est d'étudier les dispositions du peuple envers lui.

Une nation ne se trompe guère dans le jugement qu'elle porte de ses gouvernans, parce que ce jugement tient moins à la faculté de raisonner et d'examiner qu'à celle de sentir, et à une espèce d'instinct qui n'égare jamais.

Si la nation se sent heureuse, elle croit son Gouvernement juste et sage ; si elle est malheureuse, elle le croit inèpte et injuste : et, dans les deux cas, elle a raison, puisque tout Gouvernement, pour être bon, doit faire le bonheur du peuple qui lui confie ses destinées.

L'amour et l'estime d'une nation pour son Gouvernement donnent la vraie mesure de la félicité, dont elle jouit sous son influence.

26. CONCLUSION. — *Vérités générales.*

26. Il est donc vrai de dire que le vœu de la nation Française était *la paix ;* qu'il est accompli : que le but de la révolution était *le développement et l'emploi des ressources de la France*, pour assurer et garantir la liberté, les droits et le bonheur de ses citoyens ; que la sagesse et l'union peuvent nous conduire à ce but désirable, dont nous nous rapprochons tous les jours.

Il est vrai de dire qu'il n'y a plus de partis, plus de divisions de citoyens, puisqu'il n'y a plus qu'un seul intérêt, un seul désir, un seul but : la *prospérité publique et particulière développée par la paix intérieure et extérieure.* Il est vrai que, puisque l'opinion se forme de cet instinct secret et involontaire, qui porte les nations, comme les individus, à vouloir leur conservation et leur sûreté, cette opinion n'a plus aujourd'hui qu'une espèce d'hommes qui lui soient opposés, les *révolutionnaires* ou les *contre-révolutionnaires*; et je n'entends point par ces mots les hommes, qui ont eu, ou qui nourrissent encore telles ou telles conceptions politiques, mais les hommes qui sont toujours, essentiellement et par caractère, indépendamment de l'opinion et des circonstances, turbulens, inquiets, ennemis de tout Gouvernement régulier, perturbateurs, machinateurs de complots.

Il n'est pas de républicanisme sans vertu, sans probité, sans amour de l'ordre et de son pays; il n'est point de République sans républicains. Il faut donc rappeler les Français aux vertus qui constituent le républicanisme et aux efforts les mieux combinés, pour que la paix du dehors soit encore affermie par la paix intérieure : c'est-là qu'est la garantie du Gouvernement.

Il faut repousser et abjurer cette dangereuse manie, introduite par l'esprit de parti, de tout dénaturer et de tout confondre. Il n'existe aucun rapport entre les vrais républicains et les vrais factieux ; entre les patriotes énergiques et sincères, qui ont coopéré de bonne foi à la révolution, les sages et fidèles amis de la République ; et les foux, les agens de l'étranger, et les assassins.

Il faut distinguer les républicains vertueux, paisibles et philosophes, d'avec les hommes éternellement passionnés, fanatiques et révolutionnaires. La France n'a plus besoin que des premiers, les seconds perdraient l'État. — Il ne faut plus de passions, il faut de la raison et de la sagesse. Il faut, non détruire, mais conserver ; non révolutionner, mais adoucir ; non diviser, mais rapprocher ; non rappeler, mais faire oublier; non agiter, mais calmer. Le feu, qui a dévoré les institutions royales, ne serait plus qu'une torche incendiaire qui embrâserait la République, et un volcan destructeur où s'engloutirait la France.

O vous, qui êtes pénétrés de ces vérités et des souvenirs salutaires du passé ; vous qui aimez votre patrie ; vous, qui du moins ne fermez point vos cœurs aux conseils de ceux qui veulent prévenir votre ruine, écartez loin de vous ces agitateurs dangereux, ces êtres irascibles, ulcérés, mécontens, dont l'humeur sombre et sauvage ne leur permet jamais de sourire, de prendre part à la joie publique, de rendre un hommage sincère au patriotisme et à la vertu; qui nourrissent toujours des défiances ombrageuses et des illusions funestes. — On est injuste, en voulant tout blâmer; on est insensé, en ne modifiant jamais des prétentions exagérées.

Défiez-vous de ces sectaires enthousiastes et intolérans, qui, ayant une fois adopté une doctrine, s'arrêtent irrévocablement à quelques principes abstraits, ne veulent jamais s'écarter de la ligne géométrique qu'ils se sont tracée, ne veulent jamais réfléchir que tout a changé autour d'eux, et que d'autres circonstances exigent d'autres mesures et un autre systême; qui rêvent encore une *monarchie absolue* ou une *démocratie sans bornes et sans rivages*; qui, toujours dans un monde imaginaire, ne savent jamais s'assujétir à voir la réalité. — Ils n'ont étudié ni les leçons de l'histoire, ni les méditations des philosophes, ni l'esprit de leurs contemporains, ni leur siècle, ni leur patrie. Ils n'ont aucune notion positive, théorique ni pratique, de l'art si difficile de conduire les hommes et de gouverner les peuples : ils prennent les passions les plus aveugles, les idées les plus désordonnées pour conseillères et pour guides.

Une connaissance détaillée de la situation politique d'un État, de ses ressources, de ses forces ; une étude approfondie de tous ses avantages, de leurs véritables causes, de l'usage qu'on en peut faire, des moyens de les augmenter ou d'en acquérir de nouveaux, forment les élémens de la science la plus nécessaire, et aux hommes qui veulent avoir une opinion fixe et éclairée sur les intérêts de leur pays, et à ceux qui sont chargés de le gouverner.

Nous avons réuni les matériaux propres à donner une idée exacte de la situation actuelle de la France ; parcouru les principaux actes du Gouvernement Consulaire, depuis son installation ; établi un parallèle entre la France Monarchique de 1788, et la France Républicaine du dix-neuvième siècle : nous avons rappelé les causes premières de la révolution, qui a créé la République, et les motifs qui rendent essentielle à tous les Français la conservation du système républicain. Nous avons enfin retracé les dernières machinations liberticides du cabinet Anglais, déjouées par la vigilance et la sagacité des Consuls ; et, en portant successivement nos regards sur toutes les branches de l'administration publique, sur la guerre, la politique extérieure, les finances, la législation, le commerce, la marine (*a*), les principes généraux de gouvernement, nous avons calculé les immenses avantages, possibles et probables, que la paix doit procurer à la France, et déroulé une partie de l'heureux avenir qui nous est promis.

Cet avenir est confié à la sagesse et à la modération, dirigées par le génie.

O vous, qui êtes appelés à lui donner l'existence : Magistrats de la République,

---

(*a*) Plusieurs des objets importans, qui ne sont qu'indiqués dans cet Écrit, sont plus développés dans les Notes particulières, qu'on leur a consacrées à la fin de l'ouvrage, en forme de supplément.

Consuls, Membres du Sénat, Législateurs, Tribuns, Juges ; vous qui, placés auprès de l'autorité suprême, avez l'initiative des conseils et des propositions, qui doivent influer si puissamment sur les destinées publiques; vous, Ministres, qui avez une part plus directe dans l'exécution; vous enfin, Préfets, Administrateurs, Maires, Membres des Conseils de préfecture et des Municipalités, qui, plus rapprochés des diverses classes du peuple, êtes les gardiens et les dépositaires des intérêts particuliers et locaux des départemens et des citoyens; vous aussi, Guerriers de terre et de mer, qui êtes responsables à la République de la gloire de ses drapeaux et de ses pavillons; vous tous, Propriétaires, Agriculteurs, Artisans, Manufacturiers, Négocians, Instituteurs de la jeunesse, FRANÇAIS ! vos destinées sont inséparables et indivisibles. Formez tous un immense faisceau, qu'aucun effort humain ne puisse briser. — C'est par l'influence de vos exemples, par la propagation des lumières, par le spectacle attrayant de votre bonheur, par des vertus, des lois sages, des institutions, par le contraste qui doit à jamais exister entre les bienfaits du régime républicain fortement organisé, et les crimes dont ses ennemis ont voulu le déshonorer pour le détruire, que vous vengerez votre nom et votre patrie, la philosophie et la liberté.

Nous avons assez de gloire, assez de puissance; mais nous n'avons encore, ni assez d'esprit national, ni des mœurs assez pures, ni une organisation républicaine assez bien affermie, pour négliger impunément notre situation intérieure.

Il est tems de nous arracher à la corruption, notre ennemi le plus dangereux. Il faut nous retremper aux vertus sociales et antiques, à l'amour de la patrie, au désintéressement, à la probité, au respect de la vieillesse, aux affections privées; honorer les noms de pères, d'époux, de citoyens, de mères et d'épouses; utiliser, pour notre perfectionnement moral et politique, la souveraine et touchante influence de cette portion la plus intéressante du genre humain, qui, par la loi de la nature, est la dépositaire et la conservatrice des vertus et des mœurs, premiers fondemens des sociétés. Il est tems, enfin, de développer dans notre sein, de diriger vers des objets de prospérité intérieure, cette énergie, cette activité d'une nation fière, indépendante, victorieuse, qui devait commencer à se régénérer au milieu des épreuves de la guerre, et dont la régénération ne pouvait être consommée que par le repos de la paix, consacré à des travaux utiles.

NOTES.

NOTE Ière. (Page 2.)

Traité de paix de Lunéville.

Nous mettons ici en entier, comme monumens historiques, qu'on ne saurait trop multiplier et qui seront retrouvés par-tout avec plaisir, le Message des Consuls au Corps Législatif, en lui donnant communication de la paix, et le Traité conclu à Lunéville (*a*) le 20 Pluviôse an 9 (9 Février 1801, v. s.).

Les Consuls de la République au Corps Législatif.

Paris, le 24 Pluviôse an 9 de la République Française.

LÉGISLATEURS,

La paix du Continent a été signée à Lunéville; elle est telle que la voulait le Peuple Français. Son premier vœu fut la limite du Rhin; des revers n'avaient point ébranlé sa volonté; des victoires n'ont point dû ajouter à ses prétentions.

Après avoir replacé les anciennes limites de la Gaule, il devait rendre à la liberté des peuples

(*a*) Voyez le Moniteur du 24 Pluviôse an 9, n°. 144.

qui lui étaient unis par une commune origine, par le rapport des intérêts et des mœurs.

La liberté de la Cisalpine et de la Ligurie est assurée.

Après ce devoir, il en était un autre que lui imposaient la justice et la générosité.

Le roi d'Espagne a été fidèle à notre cause, et a souffert pour elle. Ni nos revers, ni les insinuations perfides de nos ennemis, n'ont pu le détacher de nos intérêts. Il sera payé d'un juste retour, un prince de son sang va s'asseoir sur le trône de Toscane.

Il se souviendra qu'il le doit à la fidélité de l'Espagne et à l'amitié de la France. Ses rades et ses ports seront fermés à nos ennemis, et deviendront l'asyle de notre commerce et de nos vaisseaux.

L'Autriche, et c'est là qu'est le gage de la paix; l'Autriche, séparée désormais de la France par de vastes régions, ne connaîtra plus cette rivalité, ces ombrages qui, depuis tant de siècles, ont fait le tourment de ces deux Puissances et les calamités de l'Europe.

Par ce traité, tout est fini pour la France; elle n'aura plus à lutter contre les formes et les intrigues d'un Congrès.

Le Gouvernement doit un témoignage de satisfaction au Ministre Plénipotentiaire qui a conduit cette négociation à cet heureux terme. Il ne reste ni interprétations à craindre, ni explications à demander, ni de ces dispositions équivoques dans lesquelles l'art de la diplomatie dépose le germe d'une guerre nouvelle.

Pourquoi faut-il que ce Traité ne soit pas le Traité de la paix générale ? C'était le vœu de la France, c'était l'objet constant des efforts du Gouvernement; mais tous ses efforts été vains. L'Europe sait tout ce que le ministère Britannique a tenté pour faire échouer les négociations de Lunéville.

En vain un agent autorisé par le Gouvernement lui déclara, le 9 Octobre 1800, que la France était prête à entrer avec lui dans une négociation séparée; cette déclaration n'obtint que des refus, sous le prétexte que l'Angleterre ne pouvait abandonner son allié. Depuis, lorsque cet allié a consenti à traiter sans l'Angleterre, ce Gouvernement cherche d'autres moyens d'éloigner une paix si nécessaire au monde.

Il viole des conventions que l'humanité avait consacrées, et déclare la guerre à de misérables pêcheurs.

Il élève des prétentions contraires à la dignité et aux droits de toutes les nations.

Tout le commerce de l'Asie, et des colonies immenses ne suffisent plus à son ambition : il faut que toutes les mers soient soumises à la souveraineté exclusive de l'Angleterre.

Il arme contre la Russie, le Dannemarck et la Suède, parce que la Russie, la Suède et le Dannemarck ont asssuré, par des Traités de garantie, leur souveraineté, et l'indépendance de leurs pavillons.

Les Puissances du Nord, injustement attaquées,

ont droit de compter sur la France. Le Gouvernement Français vengera avec elles une injure commune à toutes les nations, sans perdre jamais de vue qu'il ne doit combattre que pour la paix et le bonheur du monde.

Le premier Consul, *Signé*, BONAPARTE.
Par le premier Consul, le Secrétaire d'État.
Signé, Hugues-B. MARET.

Traité de paix définitif entre Sa Majesté l'Empereur et le Gouvernement de la République Française.

SA Majesté l'Empereur, Roi de Hongrie et de Bohême, et le premier Consul de la République Française, au nom du Peuple Français, ayant également à cœur de faire cesser les malheurs de la guerre, ont résolu de procéder à la conclusion d'un Traité de paix et d'amitié.

Sadite Majesté Impériale et Royale ne désirant pas moins vivement de faire participer l'Empire Germanique aux bienfaits de la paix, et les conjonctures présentes ne laissant pas le tems nécessaire pour que l'Empire soit consulté, et puisse intervenir par ses députés dans la négociation; sadite Majesté ayant d'ailleurs égard à ce qui a été consenti par la députation de l'Empire au précédent Congrès de Rastadt, a résolu, à l'exemple de ce qui a eu lieu dans des circonstances semblables, de stipuler au nom du Corps Germanique.

En conséquence de quoi, les parties contractantes ont nommé pour leurs Plénipotentiaires, savoir :

Sa Majesté Impériale et Royale, le sieur Louis,

Comte du Saint-Empire Romain, de Cobenzel, Chevalier de la Toison-d'Or, Grand-Croix de l'Ordre Royal de Saint-Etienne, et de l'Ordre de Saint-Jean de Jérusalem, Chambellan, Conseiller intime actuel de sadite Majesté Impériale et Royale, son Ministre des Conférences, et Vice-Chanchelier de Cour et d'Etat,

Et le premier Consul de la République Française, au nom du Peuple Français, le citoyen Joseph Bonaparte, Conseiller d'État;

Lesquels, après avoir échangé leurs pleins pouvoirs, ont arrêté les articles suivans:

Art. Ier. Il y aura, à l'avenir, et pour toujours, paix, amitié et bonne intelligence entre Sa Majesté l'Empereur, roi de Hongrie et de Bohême, stipulant tant en son nom, qu'en celui de l'Empire Germanique, et la République Française; s'engageant, sadite Majesté, à faire donner par ledit Empire sa ratification en bonne et due forme au présent traité. La plus grande attention sera apportée, de part et d'autre, au maintien d'une parfaite harmonie, et à prévenir toutes sortes d'hostilités par terre ou par mer, pour quelque cause et sous quelque prétexte que ce puisse être, en s'attachant avec soin à entretenir l'union heureusement rétablie. Il ne sera donné aucun secours et protection, soit directement, soit indirectement, à ceux qui voudraient porter préjudice à l'une ou à l'autre des parties contractantes.

II. La cession des ci-devant Provinces Belgiques à la République Française, stipulée par l'article III du traité de Campo-Formio, est renouvellée ici de la manière la plus formelle; ensorte que Sa Majesté Impériale et Royale, pour elle et ses successeurs, tant en son nom qu'au nom de l'Empire Germanique, renonce à tous ses droits et titres aux susdites provinces, lesquelles seront possédées à perpétuité, en toute souveraineté et propriété par la République Française, avec tous les biens territoriaux qui en dépendent.

Sont pareillement cédés à la République Française, par Sa Majesté Impériale et Royale, et du consentement formel de l'Empire:

1°. Le comté de Falkenstein, avec ses dépendances;

2°. Le Fricktal et tout ce qui appartient à la maison d'Autriche sur la rive gauche du Rhin, entre Zurzach et Basle: la République Française se réservant de céder ce dernier pays à la République Helvétique.

III. De même, en renouvellement et confirmation de l'article VI du traité de Campo-Formio, S. M. l'Empereur et Roi possédera en toute souveraineté et propriété, les pays ci-dessous désignés; savoir:

L'Istrie, la Dalmatie, et les Iles ci-devant Vénitiennes de l'Adriatique en dépendantes; les Bouches du Cattaro, la ville de Venise; les Lagunes, et les pays compris entre les États héréditaires de Sa Majesté l'Empereur et Roi, la Mer Adriatique et l'Adige, depuis sa sortie du Tyrol jusqu'à son embouchure dans ladite mer; le *Thalweg* de l'Adige servant de ligne de délimitation: et,

comme

comme par cette ligne les villes de Vérone et de Porto-Legnago se trouveront partagées, il sera établi sur le milieu des ponts desdites villes, des ponts-levis qui marqueront la séparation.

IV. L'article XVIII du traité de Campo-Formio est pareillement renouvellé en cela que S. M. l'Empereur et Roi s'oblige à céder au Duc de Modène, en indemnité des pays que ce prince et ses héritiers avaient en Italie, le Brisgaw, qu'il possédera aux mêmes conditions que celles en vertu desquelles il possédait le Modénois.

V. Il est en outre convenu que S. A. R. le grand-duc de Toscane, renonce, pour elle et ses successeurs et ayant cause, au grand-duché de Toscane, et à la partie de l'isle d'Elbe qui en dépend, ainsi qu'à tous droits et titres résultans de ces droits sur lesdits Etats, lesquels seront possédés désormais en toute souveraineté et propriété par son Altesse Royale l'Infant Duc de Parme. Le grand-duc obtiendra en Allemagne une indemnité pleine et entière de ses États d'Italie.

Le grand-duc disposera à sa volonté des biens et propriétés qu'il possède particulièrement en Toscane, soit par acquisition personnelle, soit par hérédité des acquisitions personnelles de feu S. M. l'Empereur Léopold II, son père, ou de feu S. M. l'Empereur François Ier. son aïeul; il est aussi convenu que les créances, établissemens et autres propriétés du grand-duché, aussi bien que les dettes duement hypothéquées sur ce pays, passeront au nouveau grand-duc.

VI. S. M. l'Empereur et Roi, tant en son nom qu'en celui de l'Empire Germanique, consent à ce que la République Française possède désormais, en toute souveraineté et propriété, les pays et domaines situés à la rive gauche du Rhin et qui faisaient partie de l'Empire Germanique; de manière qu'en conformité de ce qui avait été expressément consenti au congrès de Rastadt par la députation de l'Empire, et approuvé par l'Empereur, le Thalweg du Rhin soit désormais la limite entre la République Française et l'Empire Germanique; savoir, depuis l'endroit où le Rhin quitte le territoire Helvétique, jusqu'à celui où il entre dans le territoire Batave.

En conséquence de quoi la République Française renonce formellement à toute possession quelconque sur la rive droite du Rhin, et consent à restituer à qui il appartient les places de Dusseldorf, Érenbresthein, Philisbourg, le fort de Cassel et autres fortifications vis-à-vis de Mayence à la rive droite, le fort de Kell et le Vieux-Brissac, sous la condition expresse que ces places et forts continueront à rester dans l'état où ils se trouveront lors de l'évacuation.

VII. Et comme, par suite de la cession que fait l'Empire à la République Française, plusieurs Princes et Etats de l'Empire se trouvent particulièrement dépossédés, en tout ou en partie, tandis que c'est à l'Empire Germanique collectivement à supporter les pertes résultantes des stipulations du présent traité, il est convenu entre Sa Majesté l'Empereur et Roi, tant en son nom qu'au nom de l'Empire Germanique, et la République Française, qu'en conformité des principes formellement établis au congrès de Rastadt, l'Empire sera tenu de donner aux princes héréditaires qui se trouvent dépossédés à la rive gauche du Rhin, un dédommagement qui sera pris dans le sein dudit Empire, suivant les arrangemens qui, d'après ces bases, seront ultérieurement déterminés.

VIII. Dans tous les pays cédés, acquis ou échangés par le présent traité, il est convenu, ainsi qu'il avait été fait par les articles IV et X du traité de Campo-Formio, que ceux auxquels ils appartiendront se chargeront des dettes hypothéquées sur le sol desdits pays ; mais attendu les difficultés qui sont survenues à cet égard sur l'interprétation desdits articles du traité de Campo-Formio, il est expressément entendu que la République Française ne prend à sa charge que les dettes résultantes d'emprunts formellement consentis par les États des pays cédés, ou des dépenses faites pour l'administration effective desdits pays.

IX. Aussitôt après l'échange des ratifications du présent traité, il sera accordé dans tous les pays cédés, acquis ou échangés par ledit traité, à tous les habitans ou propriétaires quelconques, mainlevée du séquestre mis sur leurs biens, effets et revenus à cause de la guerre qui a eu lieu. Les parties contractantes s'obligent à acquitter tout ce qu'elles peuvent devoir pour fonds à elles prêtés par lesdits particuliers, ainsi que par les établissemens publics desdits pays, et à payer ou rembourser toute rente constituée à leur profit sur chacune d'elles.

En conséquence de quoi, il est expressément reconnu que les propriétaires d'actions de la banque de Vienne, devenus Français, continueront à jouir du bénéfice de leurs actions, et en toucheront les intérêts échus ou à écheoir, nonobstant tout séquestre et toute dérogation, qui seront regardés comme non avenus, notamment la dérogation résultante de ce que les propriétaires devenus Français n'ont pu fournir les trente et les cent pour cent demandés aux actionnaires de la banque de Vienne par S. M. l'Empereur et Roi.

X. Les parties contractantes feront également lever tous séquestres qui auraient été mis à cause de la guerre sur les biens, droits et revenus des sujets de S. M. l'Empereur ou de l'Empire, dans le territoire de la République Française, et des citoyens Français dans les États de sadite Majesté ou de l'Empire.

XI. Le présent traité de paix, et notamment les articles VIII, IX, X et XV ci-après, est déclaré commun aux Républiques Batave, Helvétique, Cisalpine et Ligurienne.

Les parties contractantes se garantissent mutuellement l'indépendance desdites Républiques, et la faculté aux peuples qui les habitent d'adopter telle forme de gouvernement qu'ils jugeront convenable.

XII. Sa Majesté Impériale et Royale renonce, pour elle et ses successeurs, en faveur de la République Cisalpine, à tous les droits et titres provenant de ces droits, que sadite Majesté pourrait prétendre sur les pays qu'elle possédait avant la guerre, et qui, aux termes de l'article VIII du traité de Campo-Formio, font maintenant partie de la République Cisalpine, laquelle les possédera en toute souveraineté et propriété, avec tous les biens territoriaux qui en dépendent.

XIII. Sa Majesté Impériale et Royale, tant en son nom qu'au nom de l'Empire Germanique, confirme l'adhésion déjà donnée par le traité de Campo-Formio, à la réunion des ci-devant fiefs impériaux à la République Ligurienne, et renonce à tous droits et titres provenans de ces droits sur lesdits fiefs.

XIV. Conformément à l'article XI du traité de Campo-Formio, la navigation de l'Adige servant de limite entre les États de Sa Majesté Impériale et Royale et ceux de la République Cisalpine, sera libre, sans que, de part ni d'autre, on puisse y établir aucun péage, ni tenir aucun bâtiment armé en guerre.

XV. Tous les prisonniers de guerre faits de part et d'autre, ainsi que les ôtages enlevés ou donnés pendant la guerre, qui n'auront pas encore été restitués, le seront dans quarante jours, à dater de celui de la signature du présent traité.

XVI. Les biens fonciers et personnels non-aliénés de S. A. R. l'Archiduc Charles, et des héritiers de feue S. A. R. madame l'Archiduchesse Christine, qui sont situés dans les pays cédés à la République

Française, leur seront restitués, à la charge de les vendre dans l'espace de trois ans.

Il en sera de même des biens fonciers et personnels de L. A. R. l'Archiduc Ferdinand et madame l'Archiduchesse Béatrix, son épouse, dans le territoire de la République Cisalpine.

XVII. Les articles XII, XIII, XV, XVI, XVII et XXIII du traité de Campo-Formio (a) sont particulièrement rappelés pour être exécutés

---

(a) Voici le texte de ces articles :

Art. XII. Toutes ventes ou aliénations faites, tous engagemens contractés, soit par les villes, ou par le Gouvernement, ou autorités civiles et administratives des pays ci-devant Vénitiens, pour l'entretien des armées Allemandes et Françaises, jusqu'à la date de la signature du présent traité, seront confirmés et regardés comme valables.

XIII. Les titres domaniaux et archives des différens pays cédés ou échangés par le présent traité, seront remis, dans l'espace de trois mois, à dater de l'échange des ratifications, aux Puissances qui en auront acquis la propriété. Les plans et cartes des forteresses, villes et pays que les Puissances contractantes acquièrent par le présent traité, leur seront fidèlement remis.

XV. Il sera incesssamment conclu un traité de commerce établi sur des bases équitables, et telles qu'elles assurent à Sa Majesté l'Empereur Roi de Hongrie et de Bohême, et à la République Française, des avantages égaux à ceux dont jouissent, dans les États respectifs, les nations les plus favorisées.

En attendant, toutes les communications et relations commerciales seront rétablies, dans l'état où elles étaient avant la guerre.

XVI. Aucun habitant de tous les pays occupés par les

suivant leur forme et teneur, comme s'ils étaient insérés mot à mot dans le présent traité.

XVIII. Les contributions, livraisons, fournitures et prestations quelconques de guerre cesseront d'avoir lieu, à dater du jour de l'échange des ratifications données au présent traité, d'une part, par S. M. l'Empereur et par l'Empire Germanique; d'autre part, par le Gouvernement de la République Française.

XIX. Le présent traité sera ratifié par sa Majesté l'Empereur et Roi, par l'Empire et par le Gouvernement de la République Française, dans l'espace de trente jours, ou plutôt si faire se peut: et il

---

armées Autrichiennes ou Françaises, ne pourrra être poursuivi ni recherché, soit dans sa personne, soit dans ses propriétés, à raison de ses opinions politiques ou actions civiles, militaires, ou commerciales, pendant la guerre qui a eu lieu entre les deux Puissances.

XVII Sa Majesté l'Empereur, Roi de Hongrie et de Bohême, ne pourra, conformément aux principes de neutralité, recevoir dans chacun de ses ports, pendant le cours de la présente guerre, plus de six bâtimens en guerre appartenant à chacune des Puissances belligérantes.

XXIII. Sa Majesté l'Empereur, Roi de Hongrie et de Bohême, et la République Française, conserveront entre elles le même cérémonial, quant au rang et aux autres étiquettes, que ce qui a été constamment observé avant la guerre.

Sadite Majesté et la République Cisalpine auront entr'elles le même cérémonial d'étiquettes que celui qui était d'usage entre sadite Majesté et la République de Venise.

est convenu que les armées des deux Puissances resteront dans les positions où elles se trouvent, tant en Allemagne qu'en Italie, jusqu'à ce que lesdites ratifications de l'Empereur et roi, de l'Empire et du Gouvernement de la République Française, aient été simultanément échangées à Lunéville entre les Plénipotentiaires respectifs.

Il est aussi convenu que, dix jours après l'échange desdites ratifications, les armées de S. M. Impériale et Royale seront rentrées sur ses possessions héréditaires, lesquelles seront évacuées, dans le même espace de tems, par les armées françaises, et que, trente jours après ledit échange, les armées françaises auront évacué la totalité du territoire dudit Empire.

Fait et signé à Lunéville, le 20 pluviôse, an 9 de la République Française, (9 février 1801).

Signé, LOUIS, comte COBENZEL.
JOSEPH BONAPARTE.

NOTE 2. (Page 10.)

Sur quelques actes diplomatiques des Consuls.

Voyez les lettres du premier Consul au Roi d'Angleterre, en l'an 8.

Voyez aussi le Message des Consuls au Corps Législatif, en date du 12 Nivôse an 9. Une noble et modeste simplicité le caractérise.

» *Le Gouvernement proclame à la France et à l'Europe les intentions qui l'animent.*

» *La rive gauche du Rhin sera la limite de la Ré-*

publique Française....... L'indépendance des Républiques Helvétique et Batave sera assurée et reconnue.

» *L'Autriche ne doit pas attendre de ses défaites ce qu'elle n'aurait pas obtenu par ses victoires....... Le bonheur de la France sera de rendre le calme à l'Allemagne et à l'Italie; sa gloire, d'affranchir le Continent du génie avide et malfaisant de l'Angleterre.*

« *Si la bonne-foi est encore trompée, nous sommes à Prague, à Vienne et à Venise.......* ».

Voyez enfin le traité de paix du 20 Pluviôse an 9, cité ci-dessus, note 1.

NOTE 3. (Page 16.)

Influence de l'Angleterre à Constantinople.

Un officier Russe, qui se trouvait en Turquie, au moment de la déclaration de guerre du Grand-Seigneur contre la République Française, m'a confirmé qu'elle avait été uniquement l'ouvrage de l'Ambassadeur Anglais. La mollesse et la torpeur du cabinet Ottoman, qui était resté immobile au milieu de la commotion générale de l'Europe, ne lui auraient pas permis de rompre les liens de son antique amitié avec la France, s'il n'eût été, pour ainsi dire, fortement sécoué et arraché de son assiète par les intrigues actives de l'Angleterre. M. Smith avait plus d'influence au Divan que le Sultan lui-même.

A Constantinople, les travaux du port étaient

l'espèce de thermomètre politique du climat variable du Sérail. Les Ambassadeurs Russe et Anglais étaient-ils en bonne intelligence ; tout était en activité dans l'arsenal et sur la côte ; on ne voyoit qu'ouvriers, marins, préparatifs d'embarquement et de guerre. Survenait-il la moindre brouillerie, tout était suspendu.

NOTE 4. (Page 17.)

Rapprochemens entre l'armée d'Alexandre et l'armée Française en Egypte.

Le discours suivant, d'un soldat d'Alexandre, peint fidèlement la situation morale de l'armée française dans les premiers momens de son séjour en Egypte :

« *Ni l'emportement, ni l'allégresse du soldat ne connaissent aucune borne. Toutes les passions nous entraînent avec violence. Nous nous livrons au blâme, à la louange, à la pitié, à la colère, au gré de la passion qui nous domine dans le moment. Tantôt nous nous faisons une fête de gagner les Indes et l'Océan ; tantôt nous ne pensons qu'à nos femmes, à nos enfans, à notre patrie. Mais toutes ces pensées, tous ces propos, le signal de la trompette y met bientôt fin. Chacun de nous court prendre son rang ; et tout ce qu'on avait conçu de colère sous la tente, va se décharger sur la tête de l'ennemi* ».

(Vie d'Alexandre par Quinte-Curce, livre 7.)

NOTE 5. (Page 19.)

Aveu de Dumouriez.

Dumouriez lui-même, dont le témoignage ne saurait être suspect, manifeste cette opinion dans son *Tableau spéculatif de l'Europe* (Pag. 18¼.). « *La guerre que la majorité de l'Europe coalisée a faite à la France, au commencement de la révolution, était injuste, impolitique et imprudente. Si les armes des coalisés avaient réussi à faire remonter sur son trône l'infortuné Louis XVI, c'est lui qui aurait été puni par ses alliés de la rébellion de ses sujets, puisqu'*ON AVAIT DÉJA DÉCIDÉ LE PARTAGE DE SES FRONTIÈRES. *Dans cette affreuse guerre, tout a été mal calculé, même l'intérêt particulier de chaque Puissance. La philosophie, la justice et l'humanité ont fait alors des vœux pour la nation Française. Si elle eût succombé, la liberté eût été bannie de la surface du globe; le despotisme n'eût pas même laissé exister celle de la pensée* ».

NOTE 6. (page 19.)

Proclamation de BONAPARTE *en Italie.*

Nous croyons faire plaisir à nos lecteurs, en publiant ici, dans son entier, la proclamation où est contenue cette promesse. Elle est à-la-fois un monument pour l'histoire, un dépôt précieux des plus sages conseils politiques, et une preuve nouvelle qu'à toutes les époques, les idées libérales et les sentimens généreux n'ont jamais cessé d'inspirer tous les actes de Bonaparte.

Au quartier général de Milan, le 21 brumaire, an 6 de la République, une et indivisible.

Bonaparte, Général en chef de l'armée d'Italie, au Peuple Cisalpin.

« A compter du premier frimaire, votre constitution se trouvera en pleine activité.

« Votre Directoire, votre Corps Législatif, votre Tribunal de Cassation, les autres Administrations subalternes se trouveront organisées.

« Vous êtes le premier exemple, dans l'histoire, d'un peuple qui devient libre, sans factions, sans révolutions et sans déchiremens.

» Nous vous avons donné la liberté, sachez la conserver.

» Vous êtes, après la France, la République la plus populeuse, la plus riche. Votre position vous appelle à jouer un grand rôle dans les affaires de l'Europe.

» Pour être dignes de votre destinée, ne faites que des lois sages et modérées.

» Favorisez la propagation des lumières, et respectez la religion.

» Composez vos bataillons, non pas de gens sans aveu, mais de citoyens qui se nourrissent des principes de la République, et soient immédiatement attachés à sa prospérité.

» Vous avez, en général, besoin de vous pénétrer du sentiment de votre force et de la dignité qui convient à l'homme libre.

» Divisés et pliés depuis tant d'années à la tyrannie, vous n'eussiez pas conquis votre liberté. Mais, sous peu d'années, fussiez-vous abandonnés à vous-mêmes, aucune Puissance de la terre ne sera assez forte pour vous l'ôter.

» Jusqu'alors, la grande nation vous protégera contre les attaques de vos voisins. Son système politique sera réuni au vôtre.

» Si le Peuple Romain eût fait le même usage de la force, que le Peuple Français, les aigles Romaines seraient encore sur le Capitole, et *dix-huit siècles d'esclavage et de tyrannie n'auraient pas déshonoré l'espèce humaine.*

» J'ai fait, pour consolider la liberté, et en seule vûe de votre bonheur, un travail que l'ambition et l'amour du pouvoir ont seuls fait faire à d'autres.

» J'ai nommé à un grand nombre de places. Je me suis exposé à avoir oublié l'homme probe et donné la préférence à l'intrigant; mais il y avait des inconvéniens majeurs à vous laisser faire les premières nominations. Vous n'étiez pas encore organisés.

» Je vous quitte sous peu de jours. Les ordres de mon Gouvernement, et *un danger imminent que courrait la République Cisalpine, me rappelleront seuls au milieu de vous.*

» Mais, dans quelque lieu que le service de ma Patrie m'appelle, je prendrai toujours une vive sollicitude au bonheur et à la gloire de votre République ».

Signé, BONAPARTE.

NOTE 7. (Page 21.)

Beau trait de Sidney Smith.

Nous aimons à déposer ici le tribut d'une juste reconnaissance, et à rendre hommage aux vertus d'un des agens de ce Gouvernement immoral et odieux, qui a rempli l'univers entier de ses crimes.

Le Gouvernement Anglais abjura toutes les lois les plus saintes et tous les droits des nations. Le Peuple Anglais a conservé, sous une administration corrompue, plusieurs citoyens estimables par leur caractère de franchise, d'humanité, de respect pour le malheur. Ces qualités, qui appartiennent aux grandes ames, ont fait distinguer *Sidney Smith*. Entr'autres occasions, où il les a montrées avec éclat, nous en citerons une qui nous est particulièrement connue.

Quarante passagers Français revenant d'Egypte, avaient été pris par les Turcs et conduits à Constantinople. On les mit aux galères, on les chargea de colliers et de chaînes de fer, on les dépouilla de tout. Après deux mois des plus horribles souffrances, ils n'ont dû leur délivrance qu'aux soins et à l'influence de *Sidney Smith*, qui, comme il le disait lui-même, ne voulant pas faire le bien à demi, leur a offert de l'argent, leur a donné un des officiers de son état-major pour les accompagner jusqu'à Toulon, et a fait admirer et aimer sa conduite noble, loyale et généreuse.

NOTE 8. (Page 25.)

Lois relatives à l'armée d'Orient.

Voyez, d'une part, le *Décret du 22 Fructidor an 6*, portant que *l'armée d'Égypte a bien mérité de la Patrie;* et de l'autre, la *Loi du 25 Nivôse an 9. L'armée d'Orient, les Administrateurs, les Savans et les Artistes qui travaillent à organiser, à éclairer et à faire connaître l'Egypte, ont bien mérité de la Patrie.*

Voyez aussi dans le *Moniteur* du 20 nivôse an 9 (n°. 110), le message des Consuls au Corps Législatif, sur l'armée d'Orient.

..... « La mort du brave Kléber, si affreuse, si imprévue, ne trouble point le cours de nos succès.

» Sous Menou et par son impulsion, se développent de nouveaux moyens de défense et de prospérité. De nouvelles fortifications s'élèvent sur tous les points que l'ennemi pourrait menacer. Les revenus publics s'accroissent. *Estève* dirige avec intelligence et fidélité une administration de finances que l'Europe ne désavouerait pas. Le trésor public se remplit et le peuple est soulagé. *Conté* propage les arts utiles; *Champy* fabrique la poudre et le salpêtre ; *Lepère* retrouve le système des canaux qui fécondaient l'Egypte, et ce canal de Suez qui réunira le commerce de l'Europe au commerce de l'Asie.

» D'autres cherchent et découvrent des mines jusqu'au sein des déserts ; d'autres s'enfoncent dans l'intérieur de l'Afrique pour en connaître la situation et les productions, pour étudier les peuples qui l'habitent, leurs usages et leurs mœurs, pour en rapporter dans leur Patrie des lumières qui éclairent les sciences, et des moyens de perfectionner nos arts, ou d'étendre les spéculations de nos négocians.

» Enfin, le commerce appelle les vaisseaux de l'Europe au port d'Alexandrie ; et déjà le mouvement qu'il imprime réveille l'industrie dans nos Départemens méridionaux.

» Tels sont, Citoyens Législateurs, les droits qu'ont, à la reconnaissance de la nation, l'armée d'Egypte, et les Français qui se sont dévoués au succès de cet établissement : en prononçant qu'ils ont bien mérité de la Patrie, vous récompenserez leurs premiers efforts, et vous donnerez une nouvelle énergie à leur talent et à leur courage.

Le premier Consul, *signé* BONAPARTE.

NOTE 9. (page 31.)

Sur l'arrêté des Consuls, qui a supprimé plusieurs journaux.

Une preuve irrécusable que cette réduction des journaux,

journaux, qui a paru d'abord effrayer les amis de la liberté de la presse et quelques républicains, était très-favorable à la République et d'une nécessité indispensable au moment où elle a eu lieu, c'est qu'elle a excité toute la fureur des royalistes et des agens Anglais, dont elle déconcertait tous les plans. On peut s'en convaincre par les deux passages suivans, extraits des *pièces de la conspiration anglaise*, recueillies et vérifiées par les conseillers d'état *Emmery*, *B. J. A. Chaptal et Champagny* (tome Ier., pages 35, 91 et 103).

« L'attaque dirigée contre la liberté de la presse a paru si odieuse, qu'on n'a pu la comparer qu'aux poursuites que Robespierre et le Comité de salut public dirigeaient dans le tems contre les journalistes. . . . . le règne de la terreur va reparaître avec plus de fureur que jamais (*rapport du chef de la contre-police royale*) ».

Et ailleurs : « *Felix* (Bonaparte) s'est signalé par des actes de tyrannie, qui prouvent de plus en plus sa coupable et funeste ambition. . . . . Les journaux ont été supprimés *par un arrêté du tyran, et par conséquent ceux qui nous étaient dévoués et auxquels nous avions pris un intérêt*; et quatorze seulement, bien lâches, bien dévoués, seront maintenant chargés d'en imposer à la France, à l'Europe entière. Pour réparer un peu *le mal que cette suppression pourra faire*, je viens de créer, de l'avis de *Dubois* (le chevalier de *Coigny*), une feuille secrète, l'*Invisible*, qui paraîtra deux fois par semaine : elle contiendra la critique de ce qui se passe à l'*anti-chambre* (le Consulat) ; et comme, par les moyens que j'ai pris, elle pourra circuler dans toute la France, sans que le Gouvernement puisse l'empêcher, je ne doute pas qu'elle ne produise un très-grand effet ». (Lettre de *Hyde* à *Dutheil*, du 24 janvier (4 pluviôse an 8).

« Pour obvier à cet inconvénient (celui résultant de la suppression des journaux), nous venons d'établir plusieurs journaux secrets, et nous montons en ce moment un bureau de correspondance par lettres, qui ne pourra que produire un bien grand effet ». (Lettre de *Hyde* à *Dutheil*, du 15 pluviôse an 8.)

NOTE 10. (page 31.)

Sur la marine.

L'institution du Conseil des prises, celle des Préfets maritimes et la révocation de plusieurs lois sur la course maritime, qui tendaient à nous faire des ennemis de tous les neutres, ont été, avec la loi concernant l'inscription maritime, les principaux moyens employés par le Gouvernement pour réorganiser cette branche importante de l'Administration. Des vues utiles à cet égard viennent d'être publiées par le citoyen *Charles Esmangard*, ancien officier de marine, dans une brochure nouvelle, *sur la marine Française*. L'auteur y développe les causes qui ont ruiné notre marine, les moyens de la relever, les améliorations déjà effectuées et celles dont elle est encore susceptible. — Nos lecteurs nous sauront gré de leur avoir indiqué cet écrit intéressant et instructif.

Voyez dans le n°. 165 du Moniteur (du 15 ventôse an 9), un arrêté des Consuls du 9 du même mois, portant que *tous vaisseaux, frégates et autres bâtimens de guerre ennemis, qui seront pris par les vaisseaux, frégates et autres bâtimens de l'État, ainsi que leur artillerie etc., et tous effets chargés sur les bâtimens capturés, appartiendront en totalité aux individus composant les états-majors et équipages des bâtimens preneurs.*

Cet arrêté, en 43 articles, contient une grande partie des dispositions les plus propres à assurer le sort des marins et de leurs familles, et à relever la marine Française.

Nous ne terminerons point cette Note, sans inviter le Ministre de la Marine, *Forfait*, qui a déjà signalé son administration par un grand nombre d'actes utiles, à naturaliser en France l'institution d'une *Ecole de Marine*, semblable à celle d'Amsterdam.

500 Elèves, pendant cinq ans, sont formés au métier de marin et aux différens arts relatifs, soit à la construction, soit à la manœuvre des vaisseaux : ils font ensuite trois voyages sur les bâtimens de l'Etat, pour s'acquitter envers lui des frais de son éducation.

Voyez, ci-après, la *Note* 16, sur un projet d'organisation d'Ecoles Militaires, dont les élèves rendraient également à la Patrie, par les produits de leur industrie, le prix de l'instruction qu'ils en auraient reçue.

NOTE 11. (page 34.)

Sur l'intérêt de l'argent.

« Cet intérêt trop haut de l'argent grossit la classe des hommes, dont l'industrie est perdue pour l'État, et d'une multitude de rentiers oisifs. Le nombre des commerçans en est diminué ; le commerce réduit dans peu de mains se resserre, les efforts de l'industrie sont moins actifs et moins multipliés. *On vise aux grands profits ; on néglige les gains médiocres : principes les plus directement opposés à l'emploi des pauvres et à la population.* La consommation des denrées diminue ; l'agriculture est découragée ; on n'emploie point à l'amélioration des terres l'argent que l'usure fait mieux valoir ».

(*Remarques du Chevalier* John Nickolls, *sur les avantages et les désavantages de la France et de la Grande-Bretagne, par rapport au commerce, etc.*)

» Pour que le commerce puisse se bien faire, *dit Montesquieu*, il faut que l'argent ait un prix ; mais que ce prix soit peu considérable. S'il est trop haut, le négociant, qui voit qu'il lui en coûterait plus en intérêt qu'il ne pourrait gagner dans son commerce, n'entreprend rien ; si l'argent n'a point de prix, personne n'en prête, et le négociant n'entreprend rien non plus. (*Esprit des Lois, Liv.* 22, *Ch.* 20.)

NOTE 12. (Page 34.)

Sur l'Agiotage.

« Agiotage vient d'*agio*, mot italien corrompu, qui signifie *ajouté, plus value, en sus.* Il se disait, dans l'origine, de tout prix excédant la valeur naturelle et primitive des choses, et particulièrement d'une monnaie, comparée à une autre de même dénomination; de l'argent de banque, par exemple, comparé à l'argent courant. On dit encore: L'agio de la banque de Hollande est à trois ou quatre pour cent, c'est-à-dire, que cent florins de banque valent cent trois ou cent quatre florins courans.....

» Appliqué d'abord aux monnaies et aux changes, ce mot d'*agio* s'est ensuite étendu aux contrats, aux effets publics, à tout ce qui, dans les objets, sur lesquels s'exercé le métier de banquier, est susceptible de s'élever au-dessus du pair. En ce sens, il est synonyme de *bénéfice*, et ce dernier mot semble avoir prévalu, depuis que, l'agiotage sur les monnaies et les changes étant devenu la principale industrie des Juifs, cette circonstance a rendu le mot *agiotage* une expression défavorable.

» *Agiotage* ne signifie, donc, en sens littéral, que le commerce d'effets sujets à plus ou moins d'*agio*, de hausse ou de baisse.....

» Mais on en donnerait une définition plus juste et très-modérée, en disant qu'il est *l'étude et l'emploi des manœuvres les moins délicates pour produire des variations inattendues dans le prix des effets publics, et tourner à son profit les dépouilles de ceux qu'on a séduits ou trompés.*

» Une industrie, dont les rameaux n'atteignent jamais à la terre, cette mère de toutes les richesses; une industrie parfaitement semblable à celle des joueurs dans les académies, se rend l'arbitre des finances par la rivalité malheureuse qu'elle suscite à l'industrie productive et aux besoins du Gouvernement, pour qui tous les secours deviennent rares, chers et difficiles.

. . . . . » Aucun Français n'a vu dans toute son étendue ce que c'était que l'agiotage. . . Si on enrégistrait tous ses forfaits, il glacerait d'horreur les bons citoyens. Le détruire, c'est sauver l'Etat; c'est restaurer ses ressources; c'est pourvoir à sa sûreté; c'est établir le bon ordre; c'est rendre au Gouvernement sa dignité, à l'autorité son empire, aux lois leur force; c'est préparer la voie à l'esprit public, assurer la paix extérieure, la rendre dans l'intérieur des familles, restituer les talens à leur véritable usage, la considération aux choses décentes et utiles. . . . . Il faut repousser sur nos champs le numeraire, que Paris absorbe, et n'absorbe que pour tout corrompre ».

(*Dénonciation de l'agiotage à l'Assemblée des Notables*, par le comte de Mirabeau, pages 13, 14, 15, 19, 52.)

NOTE 13. (Page 37.)

Sur les grandes entreprises des Négocians.

. . . . . . « Les grandes entreprises des négocians sont toujours nécessairement mêlées avec les affaires publiques. Mais, dans les monarchies, les affaires publiques sont, la plupart du tems, aussi suspectes aux marchands, qu'elles leur paraissent sûres dans les États républicains ».

MONTESQUIEU, *Esprit des Lois. Liv.* 20, *chap.* 4.

NOTE 14. (Page 39.)

Quelques arrêtés des Consuls et des Ministres, relatifs au commerce, à l'industrie manufacturielle et à des établissemens d'utilité publique.

1. Voyez, dans le numéro 74 du Moniteur (du 14 frimaire an 9), l'autorisation donnée par le Ministre de l'intérieur, le citoyen Chaptal, au directeur des *Gobelins*, de choisir des élèves parmi les enfans des artistes les plus recommandables, pour les attacher à la fabrique, en qualité d'apprentifs, et prévenir ainsi la dégradation de ce bel établissement, dont la prospérité est liée à la gloire nationale. 1. *Manufacture des Gobelins.*

2. Voyez, dans le numéro 99, l'arrêté du même Ministre, du 7 Nivôse an 9, qui met à la disposition de la citoyenne *Delau*, ci-devant supérieure des filles de la Charité, *la maison hospitalière des Orphelines*, rue du Vieux Colombier, à l'effet d'y former des élèves pour le service des hospices. 2. *Hospices.*

3. Dans le numéro 313, où sont développées ces vérités, que *les fabriques Anglaises doivent leur supériorité sur les nôtres à un emploi général de mécaniques, qui rendent la main-d'œuvre moins chère, et que le seul moyen de nationaliser en France ces mécaniques, qui n'y sont employées que dans un petit nombre de manufactures, est de forcer le manufacturier lui-même à convenir, en les comparant entr'eux, que les moyens proposés sont infini-* 3. *Des Toileries.*

mentpréférables à ceux qu'il emploie : on annonce que le Ministre de l'intérieur, voulant remplacer par-tout la navette ordinaire par la *navette volante*, qui a le double avantage de produire deux cinquièmes de plus dans un tems donné, et de fatiguer beaucoup moins le tisserand, a écrit aux préfets de sept à huit départemens les plus manufacturiers, pour les inviter à envoyer deux tisserands à la fabrique de *Bawens* près Passy, à l'effet de s'y instruire dans l'art de tisser à *navette volante*. Lorsque ces tisserands seront assez instruits, ils retourneront dans leurs départemens, pour y porter des métiers à *navette volante* et y enseigner les moyens de s'en servir.

4. *Bergerie nationale des moutons d'Espagne.*

4. On trouve, dans le même numéro 113, les dispositions simples et économiques adoptées par le même Ministre, pour que les troupeaux de moutons d'Espagne, à laine fine et très-recherchée, puissent s'établir et se propager chez nous avec facilité, et pour faire multiplier dans divers départemens des bergeries, semblables à celles déjà existantes à Montbard et à Rambouillet.

Le numéro 117 publie l'arrêté des Consuls (du 24 Nivôse an 9), qui ordonne l'établissement d'une bergerie nationale de bêtes à laine de race pure Espagnole, dans le département des Pyrénées Orientales.

5. *Foires.*

5. Voyez, dans le numéro 30 (du 30 frimaire an 9), trois arrêtés des Consuls du 27 du même mois, pour le rétablissement de plusieurs foires dans différentes villes de la République. Il y a un

grand nombre d'autres arrêtés pour ce même objet, et spécialement plusieurs du 9 ventôse dernier, insérés dans le numéro 165.

6. Voyez, dans le numéro 118 (28 nivôse an 9), l'arrêté des Consuls du 27 nivôse, qui établit une compagnie *pour la pêche du corail sur les Côtes d'Afrique*, et celui du même jour, par lequel *la compagnie d'Afrique est rétablie.* 6. *Compagnies de commerce.*

7. Le numéro 131 (du 11 pluviôse) contient l'arrêté du Ministre de l'intérieur, du 8 du même mois, qui autorise les Préfets à placer, dans les divers ateliers et fabriques de leurs arrondissemens, tous les enfans abandonnés, ayant l'âge et les forces nécessaires pour entrer en apprentissage, et qui garantit à ces enfans les soins paternels de l'administration publique, chargée de surveiller leur entretien et leur instruction. Cette mesure présente à la fois *une main-d'œuvre économique aux manufacturiers, et une pépinière féconde d'artistes et d'artisans.* 7. *Enfans abandonnés.*

Elle arrache au malheur et utilise pour la société un grand nombre de victimes intéressantes, *en leur faisant contracter de bonne heure, par l'habitude d'un travail journalier, l'exercice d'une profession honorable* (*a*).

8. Voyez encore, dans les numéros 117 et 134 (du 27 nivôse et du 14 pluviôse), l'arrêté des Con- 8. *Maisons de détention.*

(*a*) Expressions de la Lettre du Ministre aux Préfets, en leur transmettant son Arrêté.

suls du 23 nivôse, portant que *les administrations locales procureront aux détenus les moyens convenables, pour que, par le travail, ils puissent améliorer leur sort*; et l'arrêté du Ministre de l'intérieur du 8 pluviôse, qui charge les préfets d'*établir des ateliers de travail dans toutes les maisons de détention qui en seront susceptibles*, et d'adoucir le sort des détenus, en leur facilitant l'exercice de la profession ou du métier qui leur convient.

9. *Exposition publique des productions de l'industrie française.*

9. Enfin, dans le numéro 166, on trouve un rapport intéressant du Ministre de l'intérieur sur un moyen d'exciter l'industrie nationale, suivi de l'arrêté des Consuls du 13 ventôse an 9, portant qu'*il y aura, chaque année, à Paris, une exposition publique des produits de l'industrie française, pendant les cinq jours complémentaires. Tous les manufacturiers et artistes français seront appelés à concourir à cette exposition, et un jury de quinze membres, nommés par le Ministre de l'intérieur, désignera les douze manufacturiers ou artistes, dont les productions lui auront paru devoir être préférées à celles de leurs concurrens, et indiquera en outre les vingt autres qui auront mérité, par leurs travaux et leurs efforts, d'être mentionnés honorablement.*

NOTE 15. (page 39.)

Sur des canaux à faire ouvrir dans l'intérieur de la France, et sur un projet d'insulariser l'Europe.

« Le Gouvernement a porté ses vues sur la navigation intérieure et sur les canaux : ce ne sont pas de vastes projets qu'il a conçus ; ce n'est pas encore un grand ensemble de navigation qu'il va créer. Terminer les travaux commencés, les terminer sur les points qui intéressent le plus la circulation intérieure et le commerce de la France, voilà tout ce qu'il peut promettre aujourd'hui, et tout ce que les circonstances lui permettent d'entreprendre. Moins de projets et plus d'exécution ; telle est la maxime fondamentale de son administration ».

Ainsi s'exprimaient les Consuls, avant l'époque de la paix, dans l'*Exposé de la situation de la République*, inséré dans le numéro 62 du Moniteur (2 frimaire an 9).

Leur arrêté du 25 nivôse suivant, publié dans le numéro 117, porte que *le Ministre de l'intérieur ordonnera les travaux préparatoires nécessaires pour que, dans le courant de germinal prochain, il puisse présenter un rapport sur la manière d'ouvrir une communication par eau entre la Belgique et Paris*, et qu'*il fera comparer les trois canaux précédemment proposés ; savoir, celui dit de Saint-Quentin, qui réunirait la Somme à l'Escaut ; celui de l'Oise à la Sambre ; et celui de la Sambre à l'Escaut.*

Dans la séance du Corps législatif du 18 ventôse dernier (Moniteur, numéro 170). Le Conseiller d'État Crétet a présenté, au nom du Gouvernement un projet de loi tendant à réunir la *Garonne* et le *Rhône* par un canal entre Aiguemorte et Beaucaire.

Ce canal, commencé par les États du Languedoc avant la révolution, a le double avantage de completter l'importante communication entre l'Océan et la Méditerranée, si précieuse à notre commerce du Midi, et de préparer le dessèchement de douze mille hectares de marais.

« *Des citoyens, qui habitent le département du Gard, offrent au Gouvernement les fonds nécessaires pour terminer ce travail et pour dessécher les marais situés entre Aiguemorte et Beaucaire, aux conditions qu'ils jouiront, pendant 80 ans, d'une taxe de navigation sur le canal, et qu'ils auront la propriété incommutable des portions de marais qui appartiennent à la nation.*

» Le Corps législatif s'empressera d'accueillir ce premier effort de l'industrie privée, présage heureux de la direction que prennent les capitaux vers des objets d'utilité publique ».

Enfin, dans le numéro 150 du Moniteur (30 pluviôse an 9), on trouve un mémoire très-intéressant du général D...., *sur un canal destiné à joindre le Rhin au Danube.*

L'ouverture de ce canal, qui serait également utile à la prospérité intérieure de l'Allemagne et de la France, pourrait être stipulée dans le traité de commerce, qui va bientôt unir les deux nations.

Il offrirait de grands développemens aux entreprises commerciales, en leur procurant de nouveaux débouchés. Il rendrait nos liaisons avec une partie de la Turquie indépendantes des flottes Anglaises, en nous ouvrant une navigation intérieure vers l'Orient. Il arracherait à l'Angleterre le commerce du nord de l'Allemagne et nous donnerait en entier celui de la partie méridionale de cette contrée fertile et populeuse.

Ce projet, conçu par Charlemagne dans le huitième siècle, et qui eut dès-lors un commencement d'exécution, serait aujourd'hui très-facile à réaliser. -- Il ne s'agirait en effet que de creuser un *Canal de cinq lieues* pour joindre la *Rednitz* à l'*Atmühl*. La première de ces rivières se jette dans la *Rednitz*, celle-ci dans le *Mein*, et le *Mein* dans le *Rhin*. La seconde (l'*Atmühl*) débouche à Kelheim dans le *Danube*, et ce dernier fleuve dans la *Mer Noire*.

Les Russes ont creusé le canal de *Cherson*, qui joint la *Mer Noire* à la *Mer Baltique*, et ils ont encore lié la *Baltique* à la *Mer Caspienne* par des canaux intermédiaires, dont le principal, qui a 26 lieues environ de longueur, commence vis-à-vis de *Sclüsselbourg* à l'entrée du lac de *Ladoga* et unit à ce lac les eaux du *Volga* près la ville de *Noway*. Le *Volga*, navigable dans tout son cours, se jette daus la Mer *Caspienne*. Le lac *Ladoga* se décharge dans la *Baltique* par la *Néva*, qui arrose *Pétersbourg*.

Ainsi, en adoptant, outre le projet du Canal qui joindrait le *Rhin* au *Danube*, celui souvent proposé d'une jonction de la *Saône* à la *Loire* et à la *Moselle*; comme la *Saône* tient au *Rhône*; que la *Loire* communique à l'*Allier* et à la *Seine*, la *Seine* à l'*Yonne*, à la *Marne* et à l'*Oise*; et qu'enfin la *Moselle* tombe dans le *Rhin*, les points de la France les plus distans entr'eux, et nos villes principales, *Paris*, *Lyon*, *Marseille*, *Nantes*, *Nevers* et *Orléans* communiqueraient ensemble, et commerceraient, par la même voie, avec la *Hollande*, l'*Allemagne* et les rivages du *Pont-Euxin*. —Cette navigation intérieure pourrait s'étendre jusqu'au delà de la *Perse* et aux frontières septentrionales de l'*Inde*, en traversant seulement le petit trajet de mer, qui se trouve entre l'embouchure du *Danube* et l'entrée du canal de *Cherson*.

« Il serait beau pour notre siècle (dit l'auteur du mémoire dont nous venons d'offrir l'analyse) d'avoir à ajouter aux époques brillantes, qui le distingueront dans les fastes du tems, celle de l'exécution de ce plan magnifique ».

NOTE 16. (Page 41.)

Sur un projet d'établissement d'écoles militaires gratuites.

A l'époque où tout annonce que les regards du Gouvernement vont se fixer d'une manière plus spéciale sur l'instruction publique, pour laquelle il demande que des fonds considérables soient particulièrement assignés, on trouvera peut-être ici avec plaisir l'abrégé d'un plan, qui a été soumis aux Ministres de l'intérieur et de la guerre, pour faire établir, dans différens départemens, des *écoles militaires théoriques et pratiques*, sous le titre de *Légions des jeunes Français*.

Comme ce plan a obtenu les suffrages de plusieurs

hommes estimables et instruits, et que la prolongation de la guerre a seule empêché de s'en occuper, on croit pouvoir le reproduire avec succès sous les yeux des Consuls, et le proposer aux méditations de ceux qui travaillent sur l'éducation nationale.

1. *Organisation.*

Chaque légion sera de 2,400 jeunes Français, orphelins et enfans des défenseurs de la patrie. Elle se divisera en 8 bataillons, et se complètera en 8 années.

La durée du cours d'études est de 8 ans. A la huitième année, sortie d'un bataillon remplacé par un nouveau.

2. *Régime intérieur; Éducation physique, Éducation morale.*

Les élèves sont divisés par *Compagnies*, pour le service militaire qu'ils font exactement; par *classes* et *cours*, pour les heures des travaux.

Il y a des *Capitaines* et des *officiers*, qui rentrent, au moment des études, dans la classe des *simples élèves*: et des *élèves instituteurs*, qui ne sont que *simples soldats* dans leurs compagnies respectives, aux heures des exercices et des jeux.

Ainsi, chacun tour-à-tour s'exerce à commander et à obéir. Il y a une action et une réaction successives de dépendance et d'autorité. Les enfans, fiers de n'avoir que des supérieurs choisis parmi eux, courbent la tête avec orgueil, et la règle est sévèrement observée.

Le jugement des pairs, en usage parmi les élèves, leur donne des principes d'équité, et les habitue de bonne heure à se surveiller eux-mêmes, et à remplir, les uns envers les autres, plusieurs des fonctions qu'ils seront appelés à occuper dans l'âge mûr.

Ils ont enfin, dans leur réunion et dans tous les détails de leur vie, une image fidèle de la vie sociale, à laquelle ils sont destinés. Par l'amour de la discipline, ils sont préparés à l'amour des lois; par l'amour du travail, ils sont formés à la vertu et aux bonnes mœurs.

Il y a un directeur et un conseil d'administration de l'école; et des maîtres, seulement pour instruire.

3. *Instruction.*

Il y a trois objets d'enseignement: l'*art militaire*, qui est le moyen et le but de l'éducation physique; les *arts mécaniques*, et les métiers; l'*art social*, ou les droits et les devoirs du citoyen.

On enseigne aussi la grammaire, l'écriture et le dessin. — Ceux qui ont des dispositions particulières reçoivent des leçons de mathématiques, de géographie, d'histoire, et étudient les langues.

On apprend le maniement des armes, la natation, l'équitation; les instans même des délassemens sont utilement employés.

Il y a des ateliers de cordonniers, de serruriers, de menuisiers, etc., de peinture, d'architecture,

de

de musique, etc. pour les métiers et pour les arts (a).

Chacun des jeunes élèves apprend une profession,

(a) La fabrication des armes, si importante pour augmenter nos forces militaires, mais presque toujours livrée jusqu'ici à une routine aveugle, et à des particuliers, sur lesquels le Gouvernement n'a pas d'influence directe, pourrait être spécialement perfectionnée dans ces écoles.

On y exercerait les arts du charron et du taillandier, ceux qui servent au vêtement, à l'équipement, au harnachement, et la pratique serait toujours éclairée par la théorie.

Le Gouvernement pourrait prendre, aux prix courans, pour les besoins des armées, les fabrications des écoles, jugées bonnes et valables.

On prendrait pour maîtres d'ateliers, pour la forge, le charronage, la menuiserie, etc. des ouvriers d'artillerie, qui sont déjà organisés en compagnies, et à la solde de la République. Ils ne seraient nécessaires que peu d'années, chaque école devant avoir bientôt parmi ses élèves un nombre suffisant de chefs et sous-chefs d'ateliers.

On pourrait placer également, comme instructeurs et professeurs de tactique, des militaires retirés. Le supplément de traitement, nécessaire aux uns et aux autres, serait aux frais des écoles.

Ceux des élèves, qui se distingueraient par des dispositions particulières, subiraient des examens pour passer à l'école polytechnique.

Enfin, les connaissances nécessaires à un Administrateur militaire seraient aussi un objet spécial d'études, et on en ferait l'application dans les différentes parties de l'Administration intérieure.

dont on lui laisse le choix, en observant et en dirigeant ses dispositions naturelles.

Un jury examinateur est chargé d'essayer les élèves, pendant leur première année, qui est consacrée à leur donner une teinture légère des différens arts; ils sont ensuite appliqués plus spécialement à celui auquel leurs talens naturels ou leurs penchans semblent les destiner.

Il y a des courses, des exercices du corps, des fêtes, des jeux, des assemblées, des concours qui excitent et nourrissent l'émulation, des prix et des récompenses.

4. *Resultats.*

Soldats vigoureux habitués à toutes les intempéries des saisons, fortifiés par la gymnastique et par les exercices militaires, formés à la discipline; plusieurs propres à faire de bons officiers; quelques-uns, sujets précieux pour l'artillerie et le génie, et pour la direction de manufactures, de forges, de fabrications d'armes, et d'ateliers de salpêtre.

Artistes théoriciens, savans connaissant la pratique et les instrumens des arts; ouvriers habiles dans tous les genres, offrant pour nos armées des moyens d'exécution de la loi *des masses*.

Citoyens habitués au joug honorable des lois, ayant un corps robuste, un esprit cultivé, des bras exercés, un cœur généreux, l'amour de leur pays et le désir de s'y distinguer, en se rendant utiles.

5. *Dépenses.*

Chacune de ces écoles, basée sur une industrie productive (*a*), trouve, à la dixième année de sa

---

(*a*) La partie économique de ce plan, qui consiste dans l'idée de *l'industrie productive*, comme résultat de l'instruction des élèves et moyen d'entretien pour les écoles, demande quelques explications, qui n'ont pu trouver place dans une simple analyse.

Voici les rouages de cette mécanique :

Chaque école militaire, ou *légion des jeunes Français*, devant se composer de 2,400 élèves, distribués en huit bataillons, serait huit ans à se former au complet, et recevrait un bataillon de 300 jeunes-gens, chaque année.

Les 300 de la première année seraient nourris, habillés, instruits, formés à différens arts, suivant leurs dispositions, pour la somme de 600 francs chacun, et coûteraient conséquemment 180 mille francs au Gouvernement.

Au bout d'un an, 300 autres seraient admis, et la pension, tous frais compris, ne serait que de 550 francs par élève.

Jusqu'à la cinquième année, la pension diminuerait, en proportion de l'augmentation du nombre des pensionnaires, et le terme moyen serait tel que nous l'avons établi ci-dessus, (et pourrait même, à la rigueur, être réduit à 282 francs, par élève et par an, pendant les dix premières années.)

A la sixième année, un nouvel ordre de choses commencerait. Les élèves, entrés la première année, seraient assez formés à un travail productif pour pouvoir suffire à leurs propres dépenses, et à celles d'un nombre égal d'élèves admis après eux.

formation, c'est-à-dire, deux ans après qu'elle est parvenue au complet, la compensation de toutes ses dépenses dans le produit des travaux des élèves.

A la septième, 600 élèves étant dans le même cas sur 2,100, l'État n'a plus à payer que pour 900 ; et le décroissement des pensions est progressif, d'année en année, jusqu'à la onzième, où le but définitif est rempli.

Alors, sur les 2,400 élèves, qui forment la légion portée au complet et destinée à se renouveller par huitième tous les ans, il y a 900 élèves, qui, pendant les trois dernières années de leurs études, gagnent pour eux, et pour les 900, qui sont à leurs trois premières années. Les autres 600 élèves, qui sont à leur quatrième et cinquième année, suffisent à leurs dépenses.

Il est impossible de ne pas reconnaître la rigoureuse exactitude des calculs, sur lesquels est basée la fondation de l'école gratuite, si on veut réfléchir que, dans les classes les moins instruites de la société, le sujet le plus ordinaire, qui a passé trois ou quatre années en apprentissage, est en état, au bout de ce tems, de gagner sa vie, au moins pour lui, et, au bout de cinq ans, pour sa femme, ou pour une partie de sa famille.

Et ici, un enfant de 11 ans, placé au milieu de tous les arts, et pouvant choisir celui à la pratique duquel il est le plus propre, y joignant le dessin qui donnera de la précision à son œil et à sa main, aidé par les meilleurs maîtres et par le concours des arts accessoires au sien, de la géométrie, de la physique, de la chimie, dont il a reçu les premiers principes ; environné d'ailleurs de tous les ressorts qui peuvent aiguillonner le talent, de tous les motifs d'encouragement et d'émulation, éloigné de toute

Pendant les dix années, le terme moyen de la dépense, par élève et par an, tout compris, est de *trois cent francs*, somme très-inférieure à ce que coûtent les établissemens actuels d'instruction, dont la dépense annuelle n'est susceptible d'aucune diminution progressive.

A la onzième année, et suivantes, l'école se trouve gratuite et fondée à perpétuité pour 2,400 places d'élèves, au choix du Gouvernement.

6. *Développemens.*

Si un premier essai de quelques écoles militaires, organisées d'après ce plan, produit les grands avantages qu'il promet, et qui sont garantis par des expériences partielles déjà faites dans plusieurs

---

dissipation étrangère à ses travaux, n'arrivera-t-il pas aisément, en trois années, à ce résultat si simple de gagner plus de la moitié du prix de la journée d'un ouvrier? — Ne pourra-t-il pas, après cinq ans, gagner le prix d'une journée entière? — Or, ce prix, qui nourrit l'ouvrier, sa femme, ses enfans, paie son loyer et ses impositions, suffit au moins à la dépense de deux élèves, dans un vaste établissement, où une grande réunion d'individus offre beaucoup de moyens d'économie.

Toutes ces données ont été généralement reconnues vraies par plusieurs chefs d'ateliers, et par des hommes distingués et instruits, et ne sauraient être contestées.

La solution du problème est toute entière dans la *diminution progressive des dépenses, calculée en raison de l'accroissement annuel de l'industrie des élèves.*

maisons d'éducation (*a*), le Gouvernement pourra fonder peu-à-peu de semblables pensionnats dans chaque Département, y attacher des Lycées pour perfectionner les manufactures locales, les arts utiles, et surveiller l'instruction, établir des concours entre les écoles, faire voyager les élèves de l'une à l'autre pendant la saison des vacances, créer dans la jeunesse un esprit national, exciter et diriger par tous ces moyens l'activité française, et rendre la France indépendante de l'étranger, ouvrir pour elle de nouvelles sources de prospérité intérieure, et commencer avec l'Angleterre une guerre plus digne des deux nations, celle d'une noble rivalité pour le commerce et l'industrie, ranimer enfin et honorer l'agriculture, les manufactures, les métiers par l'application des inventions nouvelles, qui donneront lieu à des recherches plus fructueuses encore et à d'autres perfectionnemens.

Ainsi, en dix années, par un établissement simple, facile, peu dispendieux, vous formez un grand nombre d'ouvriers instruits dans tous les arts

---

(*a*) Nous devons citer plus particulièrement l'*école nationale des jeunes Français* formée par le citoyen *L. Bourdon*, qui s'était offert pour l'exécution du plan dont on offre ici les bases, et celle de *Liancourt*, aujourd'hui *prytanée de Compiègne*, sous la direction du citoyen *Crouzet*, ancien professeur de l'Université de Paris, homme également précieux à la jeunesse, à la patrie et aux lettres, par son zèle pour l'éducation, ses vertus morales et domestiques, et par des talens agréables et des connaissances utiles.

mécaniques, qui vont peupler vos ateliers, vos manufactures, vos armées; qui deviennent à leur tour des chefs d'ateliers, des instructeurs, quelques-uns des officiers distingués dans le génie et dans l'artillerie, si leurs talens les appellent à cette destination. Vous arrachez à l'oisiveté et au malheur une foule d'orphelins et d'enfans abandonnés, qui réclament vos secours, et qui deviendront des citoyens utiles à la société, au lieu d'en être les fleaux. Vous fondez à perpétuité et à peu de frais une école militaire pour 2,400 élèves, qui ne coûtera aucuns frais aux particuliers, ni au trésor public.

Ce sera la première institution durable créée dans notre Patrie, à la suite d'une longue révolution, qui a brisé tous les liens moraux et politiques, qu'il est indispensable de resserrer. Ce sera la base la plus solide du Gouvernement et la garantie de la République.

NOTE 17. (Page 41.)

Sur les Plantations et les Forêts.

Le numéro 33 de la *Décade philosophique* (du 30 thermidor an 8), contient des observations précieuses du citoyen *Cadet-Devaux*, membre de plusieurs sociétés d'agriculture, sur la nécessité de s'occuper du *reboisement* de la France, de multiplier et d'encourager les pépinières, de réparer la plantation des routes, de planter celles qui ne le sont pas et les chemins vicinaux, les voiries, les cimetières, les dunes et les grandes landes, etc.

On trouve aussi d'excellentes vues sur les plantations et les défrichemens dans les *Annales de l'agriculture française* (*a*), ouvrage offert à tous les membres des sociétés d'agriculture de la République, pour y déposer leurs réflexions et les résultats de leurs recherches sur l'économie rurale.

Enfin, plusieurs sociétés d'agriculture, et spécialement celle du Département des Deux Sèvres (*b*), ont proposé, pour sujets de prix, des questions intéressantes sur les moyens de perfectionner le systême de culture des terres, et d'appliquer au sol français plusieurs méthodes utilement pratiquées en Angleterre.

Nous devons citer encore une lettre du citoyen Garnier, Préfet du Département de Seine-et-Oise (insérée dans le n°. 141 du Moniteur, 21 pluviôse an 9), par laquelle il prie la société d'agriculture de ce Département d'examiner, jusqu'à quel point se manifeste déjà sur le produit des récoltes, l'influence de la suppression de deux servitudes, qui pesaient durement sur les campagnes; *la dîme* et la *conservation du gibier*. — Il invite aussi cette société à examiner les améliorations qui ont été faites dans la culture, celles dont elle est encore susceptible et ce que l'agriculture a pu conquérir de nouvelles terres par la suppression des parcs, des jardins de luxe, et des pâtures communales.

(*a*) On souscrit chez *Huzard*, libraire, *rue de l'Éperon*, N°. 11.

(*b*) Voyez N°. 120, du Moniteur (30 nivôse an 8).

Le régime forestier, si essentiellement lié au perfectionnement de l'agriculture, a fixé d'une manière particulière les regards du Gouvernement, qui a senti le besoin de le réorganiser.

Plusieurs actes consacrés à cette branche importante de l'administration publique font espérer que le dépérissement des forêts, dont on se plaignait depuis long-tems, fera place désormais à un système suivi de restauration. — La nouvelle administration forestière, les divers agens qui doivent la seconder, et dont plusieurs ont publié des vues utiles sur les moyens de remédier aux abus qu'ils avaient observés, enfin les différentes sociétés d'agriculture et les conseils de département aideront encore les intentions des Consuls à cet égard, et leur présenteront aussi successivement des mesures partielles, qui concourront au plan général, sur les dessèchemens de marais, les défrichemens, les plantations, les haras, et sur divers établissemens d'utilité publique relatifs à l'agriculture et à l'industrie.

NOTE 18. (Page 43.)

Sur l'Administration Militaire.

« L'organisation de l'armée, la discipline militaire, la recherche des dilapidations et des abus, le rétablissement de l'ordre et de l'économie dans toutes les parties du service, ont été l'objet des travaux et des arrêtés du Gouvernement Un rapport du Ministre de la Guerre en présentera le résultat. La paix seule peut donner aux succès qu'ils ont obtenus leur complément et leur solidité ». (Exposé de la situation de la République (*a*), adressé par les Consuls au Corps Législatif le 1er. frimaire an 9).

Il serait trop long de retracer dans une simple note les différens actes relatifs à l'Administration militaire, qui ont été successivement adoptés par les Consuls, les arrêtés sur l'organisation et la composition de l'armée ; sur le recrutement ; sur la solde ; sur les inspecteurs aux revues et les commissaires des guerres ; sur les revues ; sur la comptabilité des corps ; sur les *masses*, ou fonds fixés pour chacun des objets que l'État fournit aux troupes ; sur les subsistances, le chauffage, les logemens et établissemens militaires ; sur l'habillement et l'équipement ; sur les hôpitaux ; sur les invalides, les traitemens de réforme et les pensions ; sur les étapes, les convois et les transports ; sur les remontes, l'artillerie, la régie des poudres et salpêtres ; sur les conseils de guerre et le code pénal militaire, etc. — Plusieurs choses utiles ont été faites ; il en reste beaucoup à faire encore.

Le but principal était de pourvoir aux besoins des armées, pour les mettre en état d'obtenir des victoires et de conquérir la paix. Ce grand objet a été rempli. — Maintenant, c'est l'Administration générale, et les bases, sur lesquelles il convient de l'établir, qui fixeront les méditations du Gouvernement.

(*a*) Voyez le N°. 62 du *Journal Officiel*.

Une guerre long-tems prolongée avait nécessairement entraîné de grandes dilapidations et d'énormes abus. Il n'était dans le pouvoir d'aucun Gouvernement, quelles que fussent sa force morale, et son autorité, de réformer tout-à-coup des institutions vicieuses et des habitudes enracinées.

La première cause du mal était dans la corruption des Administrations, corruption contagieuse, qui rendait souvent victimes d'une insatiable avidité des peuples naturellement portés à chérir, dans la masse des militaires français, cette générosité et cette bonté du caractère national, si bien faites pour gagner tous les cœurs.

La corruption des Administrations tenait peut-être à ce qu'une partie des Administrateurs des armées, n'étant point réputés militaires, étaient avilis dans l'opinion. — Tout ce qui n'est pas à l'armée sur le pied militaire, est vu avec une sorte de mépris. Tout ce qui n'a pas, ou n'est pas censé avoir du courage, ne peut obtenir, du soldat, de l'officier ni du général, un grand dégré de considération.

Mais, comme il faut un mobile au cœur humain, là où n'est plus le sentiment de la fierté, de l'honneur, de la gloire, se reproduit le vil intérêt.

Les Administrateurs, réduits à ne pouvoir prétendre à la gloire et aux honneurs, par l'effet d'un préjugé injuste, mais trop généralement reçu, et lié à l'esprit militaire, étaient obligés de se proposer un autre but; et plusieurs ne songeaient qu'à s'enrichir.

Il eût peut-être fallu, dans un tems, (et c'était l'opinion du Ministre *Bernadotte*, qui aurait réalisé plusieurs grands et utiles projets, s'il n'eût été entravé et paralysé par les vues étroites du Directoire), attaquer le mal dans sa racine, rappeller les ames au sentiment de la gloire et de l'orgueil national, et flétrir les hommes convaincus de brigandage. Il aurait fallu surtout ôter aux chefs des Administrations le prétexte, ou même la cruelle nécessité de n'avoir d'autre mobile que l'intérêt. Il fallait en faire des militaires, des *questeurs* (*a*), supprimer des noms trop décriés, trop souvent déshonorés. Car les noms s'usent, comme les institutions, et ils ont une puissante influence sur les opinions de la masse des hommes.

Il fallait réorganiser l'Administration militaire, de manière que les *questeurs* ne pûssent être choisis que parmi d'anciens administrateurs, déjà éprouvés par leurs connaissances et leur probité, ou parmi des militaires, également *probes*, *instruits* et *estimés*; qu'ils fussent *en petit nombre* et *responsables*, qu'ils pussent aussi prétendre à l'avancement militaire et au généralat. Vous ouvrez ainsi la carrière de la gloire; vous éveillez les sentimens généreux.

Le questeur, étant militaire et pris dans les rangs des combattans, connaît mieux les besoins de ses

---

(*a*) Le nom de *questeur* réveille de grands souvenirs. Tous les hommes illustres de la République Romaine, *Scipion*, *Tibérius-Gracchus*, *Sylla*, *Marius*, *César*, avaient été *questeurs*, avant d'être généraux.

camarades, en est plus facilement aimé et estimé; veille à ce qu'ils ne soient point sacrifiés à d'avides fournisseurs ou à des agens infidèles, ni négligés dans les hôpitaux. Il s'indentifie au soldat, avec lequel il se trouve, comme les autres officiers-généraux ou d'état-major, dans les camps, au bivouac et sur le champ de bataille.

Les chefs de l'Administration une fois bien choisis, soutenus par l'opinion, investis d'une considération nécessaire à leurs fonctions, assujétis à une responsabilité sévère, tous les détails seraient bien surveillés, et l'administration entière serait bientôt régénérée.

On établirait ce principe de fait, qu'un économe ou un employé des hôpitaux, un garde-magasin, un préposé doivent être considérés, en dirigeant et activant le service dont ils sont chargés. Ils ne seraient plus avilis par les militaires, quand ils auraient des militaires pour chefs, et seraient eux-mêmes organisés militairement.

De même qu'il y a des généraux du génie, de l'artillerie, etc., il y aurait alors de simples *questeurs*, des *questeurs-généraux*; et le talent, le courage, une noble émulation, une ambition généreuse, l'amour de la patrie et de la gloire seraient aussi permis et recompensés dans cette carrière.

Les gardes-magasins et employés seraient mis sur le pied militaire, comme les gardes et les charretiers d'artillerie (*a*). — Les inspecteurs,

---

(*a*) Voyez l'arrêté des Consuls du 8 nivôse an 8.

agens et préposés des différens services, ne seraient plus les intéressés d'une compagnie, ennemis nés du soldat, et souvent de la victoire, spéculant sur la subsistance des troupes, mais des agens directs du Gouvernement, assimilés aux militaires, bien choisis, en petit nombre et responsables.

Il y aurait des compagnies de boulangers et de bouchers, comme il y en a de sapeurs et de pionniers.

Les fournisseurs seraient des négocians des pays où sont les troupes ; et les autorités constituées devraient constater le prix des denrées sur les lieux, pour prévenir les marchés frauduleux et les gains immodérés.

Nous citerons encore ici le général *Bernadotte*, auquel nous avons déjà donné un souvenir mérité d'estime et de reconnaissance pour les services qu'il a rendus à son pays, et pour les améliorations en tout genre, qu'il avait préparées pendant son ministère. On trouve, dans son compte rendu, publié le premier germinal an 8, une modification heureuse qu'on pourrait adopter pour le systême des entreprises, afin d'obvier aux inconvéniens, qui ont semblé jusqu'ici lui appartenir, et de conserver les avantages qu'il peut présenter. — Ce serait de *séparer la fourniture de la manutention et de la distribution.*

En effet (*a*), « quand l'entrepreneur est en même

(*a*) Voyez page 42 du *compte rendu par le général Bernadotte, ex-Ministre de la guerre, de l'Administration de ce département, depuis le 15 messidor an 7, jusqu'au 29 fructidor suivant.*

tems chargé de la fourniture et de la distribution ; comme il ne peut être payé qu'après en avoir rassemblé tous les bons, ce qui demande toujours plusieurs mois ; à peine entretient-il les magasins au jour le jour, pour ne pas se mettre à découvert de sommes trop considérables. On sait d'ailleurs que le délai, forcément accordé pour la réunion des pièces de comptabilité, lui facilite infiniment le moyen de faire tourner à son profit les distributions qui n'ont pas eu lieu ; conséquemment, *l'intérêt de l'entrepreneur manutentionnaire est toujours en opposition avec celui du service*. . . — En admettant la modification proposée, le seul intérêt du fournisseur, si on acquitte avec exactitude le prix des denrées, sur la présentation des états de versement, appuyés de procès-verbaux, est d'approvisionner abondamment les magasins. Il devient même possible de prévenir toute manœuvre frauduleuse, en tenant sévèrement la main à ce que, de leur côté, les commissaires des guerres envoient très-fréquemment les états et les procès-verbaux des livraisons faites dans les magasins sous leur police, pour servir à contrôler les comptes présentés par le fournisseur . . . . ».

L'approvisionnement des magasins assuré, il reste un point essentiel, la composition de l'Administration chargée de la manutention et distribution. Cet objet délicat, mais purement *personnel*, dépend de la circonspection et de la sévérité du Ministre, qui ne doit arrêter ses choix que sur des hommes *d'une probité éprouvée et d'une capacité consommée*. —

Nous avons développé nos idées pour ce qui regarde le *matériel*.

Je ne me dissimule pas néanmoins que plusieurs de ces considérations, qui paraissent justes en elles-mêmes et fondées sur l'expérience, pouvaient être plus applicables à l'état de guerre continuée, qu'à l'état de paix, où nous sommes heureusement arrivés. — Aujourd'hui, comme l'armée nationale, désormais réduite et rappelée sur notre territoire, aura besoin d'une Administration plutôt régulière que prompte, et moins essentiellement militaire, on croira peut-être devoir conserver en grande partie les formes civiles aux administrateurs des armées, ce qui n'empêcherait pas néanmoins d'essayer dans l'intérieur l'idée du *questorat*, qui serait ensuite appliquée aux armées actives.

Une question, qui pourrait donner lieu à un examen approfondi, serait celle de savoir, si les revues, qui sont la base première de la solde, des fournitures en tout genre et de la comptabilité, peuvent être faites avec une rigoureuse exactitude par le nombre exsitant des inspecteurs et sous-inspecteurs en activité; s'il ne serait pas plus utile de donner aux inspecteurs, comme leur nom même l'indique, une surveillance et une simple inspection des revues, dont les contrôles seraient formés et tenus par des fonctionnaires subordonnés, qui n'auraient chacun que deux corps de troupes dont ils suivraient les mouvemens et qui en changeraient tous les ans, pour avoir des relations moins continuées, et une connexion moins intime de travaux et d'intérêts, souvent préjudiciables à la République, avec les conseils

conseils d'administration et les quartiers-maîtres. — On pourrait alors conserver seulement les inspecteurs-généraux, pour recevoir et inspecter le travail des revues, confié aux contrôleurs particuliers proposés ci-dessus; et, si l'idée de la questure était rejettée, on fondrait ensemble, dans un seul et même corps, les inspecteurs et sous-inspecteurs aux revues et les commissaires des guerres, sous le nom de *Préfets*, et de *Sous-Préfets militaires*. On assimilerait ainsi l'administration des armées de terre à celle des armées de mer; et, comme il y a déjà des *Préfets de département*, et des *Préfets maritimes*, il y aurait uniformité dans les dénominations, comme dans la classification et la hiérarchie des agens des différentes branches de l'administration publique, civile, maritime et militaire.

Nous avons cru devoir traiter avec quelqu'étendue un sujet d'un intérêt si majeur, et nous soumettons nos réflexions aux lumières des hommes versés dans cette partie, au Ministre de la guerre et au Gouvernement.

Le général Berthier, qui a eu, dans la singularité de sa destinée, le rare et glorieux avantage de servir, à différentes époques, dans les quatre parties du monde, et toujours pour la cause de la liberté; en *Amérique*, pour l'indépendance des Etats-Unis; en *Europe*, dans les deux guerres d'Italie; en *Afrique*, dans la conquête de l'Egypte; et en *Asie*, dans la campagne de Syrie et au siège de St. Jean-d'Acre; et qui, tour-à-tour militaire et administrateur, s'est également signalé par de brillans succès dans l'une et l'autre carrière, ne dédaignera peut-être pas de faire examiner les vues que nous venons de développer.

Aux titres nombreux qu'il s'est acquis à l'estime de ses concitoyens, il en ajoutera sans doute de nouveaux, par un travail général et définitif sur l'administration militaire, par une organisation complette, *simple*, *rapide* et *concentrée*, des différens services publics, relatifs aux besoins des armées, par l'établissement d'écoles militaires, destinées à perpétuer la race des invincibles (*a*), et à perfectionner nos fabrications d'armes et nos manufactures; et par l'esprit d'ordre, d'économie et de bienveillance paternelle, qui devra présider dans les palais hospitaliers ouverts à Paris et à Versailles (*b*) aux défenseurs de la patrie, et qui ménagera les mêmes secours et les mêmes soins, que leur doit un Gouvernement rémunérateur, à ceux que leurs infirmités ou leurs blessures n'empêcheraient pas d'aller au sein de leurs familles et de rentrer dans les rangs des citoyens.

NOTE 19. (Page 43.)

Sur la réparation des routes.

Un arrêté des Consuls, du 25 nivôse an 9 (inséré dans le *Moniteur*, n°. 116), ouvre au Ministre de l'intérieur un crédit extraordinaire de *douze mil-*

(*a*) Voyez la Note 16.

(*b*) Voyez l'arrêté des Consuls, du 7 frimaire an 8, qui met le château de Versailles à la disposition du Ministre de la guerre pour y loger les Invalides.

lions, affectés sur le service de l'an 9, pour faire réparer et mettre en bon état *vingt grandes routes de première classe*, dont l'énumération se trouve dans l'arrêté, et qui traversent la République dans toute son étendue et servent de lignes de communication à ses extrêmités les plus reculées.

Tandis que les grandes routes, qui exigent déjà des moyens et des travaux immenses, fixeront toute l'attention du Gouvernement, le rétablissement des communications si importantes de commune à commune, devra être promptement opéré par les soins actifs des Préfets et sous-Préfets, et des Maires et Adjoints. — Qu'ils provoquent et reproduisent sur tous les points de la France les exemples de dévouement qu'ont donnés en dernier lieu les citoyens de la commune de *Champceuil*, département de *Seine-et-Oise*, et ceux du troisième arrondissement du département des *Landes*, qui ont fourni gratuitement les journées d'hommes et de voitures nécessaires pour la réparation des chemins vicinaux dans leurs cantons respectifs (*a*).

Le citoyen d'Eymar, Préfet du département du *Léman*, dont le caractère conciliateur et le républicanisme éclairé le font justement aimer et estimer dans l'intéressante contrée qu'il est chargé d'administrer, s'occupe de l'achèvement d'une route également précieuse sous les rapports commerciaux et militaires, qui, continuée depuis *Evian*, à six lieues de Genève, jusqu'aux frontières du Valais, établirait dans cette partie une communication plus directe

(*a*) Voyez les Nos. 108 et 135 du *Journal Officiel*.

entre l'Italie et la France, et pourrait coïncider avec le rétablissement d'un chemin non moins utile, qui, de la cité d'*Aoste* en Piémont, passerait par Morges, au pied du petit St.-Bernard, et viendrait aboutir à *Salenches*, *Cluse*, *Bonneville et Genève* (a).

Enfin, l'arrêté des Consuls, du 20 fructidor an 8, pour l'ouverture d'une route, qui devra traverser le Semplon et sera praticable toute l'année et pour toute espèce de voitures, promet un *prodigieux accroissement des relations commerciales, non-seulement de la France et de la Suisse avec l'Italie, mais de tout le Nord avec le Midi de l'Europe.* (Voyez, dans le n°. 138 du *Journal Officiel*, la lettre écrite au premier Consul, en date de Domo d'Oscella, du 22 nivôse an 9, par le général *Turreau*, chargé par le Gouvernement Français de l'ouverture de la route du Semplon, et investi de tous les pouvoirs nécessaires pour achever par des mesures extraordinaires cette opération importante.)

NOTE 20. (Page 44.)

Sur la Bureaucratie.

« Cette multitude de bureaux et d'employés, qui, d'un objet simple en lui-même, forment des divisions, des subdivisions absurdes autant qu'innombrables, écrase l'habileté, la science, la justice,

---

(a) Voyez le N°. 164 du *Moniteur* (14 ventôse an 9).

les règles, les principes, l'économie, les revenus. Tout disparaît sous le nombre infini de mains, qui, voulant être nécessaires, mettent l'anarchie à la place d'un Gouvernement régulier ; mal d'autant plus grand que tout homme se fait payer suivant ses besoins, et que le tarif des besoins de cette armée de préposés, occupés deux heures en un jour, est dressé dans le lieu de la France, où les besoins sont le plus exagérés, et la dépense plus coûteuse ».

(Mirabeau.)

NOTE 21. (Page 44.)

Sur l'administration de la justice.

Le ministre d'un roi, *Colbert*, avait développé des vues extrêmement sages et dignes de la République, pour simplifier l'administration de la justice.

Il voulait que, dans chaque canton, trois hommes seulement, pères de famille, d'un sens droit et d'une probité reconnue, fussent établis pour terminer tous les différends ; que chacun fût admis à plaider lui-même sa cause, ou la fît plaider par un défenseur à son choix ; que les pièces fussent apportées devant les arbitres, sans frais ni procédures ; que la partie, qui est déclarée avoir tort, fût condamnée, non-seulement aux dépens, mais à une amende ; que des juges d'appel fussent chargés de parcourir les provinces ; qu'il n'y eût plus lieu à l'appel au-delà d'une année ; qu'en détruisant ainsi les procès, on rendît à des professions utiles et aux vertus sociales ceux qui ne subsistent que par la mauvaise foi, les chicanes et les divisions.

(*Testament politique de Colbert.*)

NOTE 22. (Page 45.)

Quelques principes de lois pénales, extraits du Traité des Délits et des Peines.

. . . . . « Il n'y a rien de plus dangereux que l'axiôme commun : Il faut prendre l'esprit de la loi. Si les lois ne sont pas fixes et littérales ; si l'unique droit du magistrat n'est pas de décider que l'action est contraire, ou conforme à la loi écrite ; si la règle du juste et de l'injuste, qui doit diriger également les actions de l'ignorant et de l'homme instruit, n'est pas pour le juge une simple question de fait, le citoyen sera esclave des magistrats. . . . . .

» Là où les lois sont claires et précises, l'office du juge ne consiste qu'à constater le fait.

» Dans le jugement de toute espèce de délit, le juge a un *Syllogisme* ou raisonnement à faire, dont la première proposition, ou *majeure*, est la loi générale ; la *mineure* exprime l'action contraire ou conforme à loi ; la *conséquence*, l'acquittement ou la condamnation de l'accusé.

» Avec des lois pénales entendues toujours à la lettre, chacun peut calculer et connaître exactement les inconvéniens d'une mauvaise action, ce qui est utile pour l'en détourner, et les hommes jouissent de la sûreté de leurs personnes et de leurs biens ; ce qui est le but de l'association politique.

» Pour qu'une peine ne soit pas une violence d'un seul, ou de plusieurs contre un citoyen, elle doit être publique, prompte, nécessaire, la moindre qui soit possible dans les circonstances données, proportionnée au délit et fixée par la loi. . . . ».

(BECCARIA.)

NOTE 23. (Page 45.)

Sur l'égalité des partages dans les successions en ligne directe.

« L'égalité de partage des biens domestiques est liée avec les moyens d'encourager les mariages, d'accroître la population, d'augmenter le nombre des propriétés foncières, comme elle tient au moyen d'entretenir cette égalité générale qui est à la fois l'un des principes et l'un des points de vue de notre constitution ».

(MIRABEAU.)

NOTE 24. (Page 46.)

Sur le trop grand nombre de lois.

« Je regarde les nations modernes ; j'y vois force faiseurs de lois, et pas un législateur ».

(J.J. ROUSSEAU.)

« Partout où il y a beaucoup de lois, il y a peu de justice. — La multiplicité des lois en occasionne l'ignorance et l'inexécution ».

(HELVÉTIUS.)

« Quand un peuple a de bonnes mœurs, les lois deviennent simples.... — Comme les lois inutiles affaiblissent les lois nécessaires, celles qu'on peut éluder affaiblissent la législation. Une loi doit avoir son effet, et il ne faut pas permettre d'y déroger par une convention particulière ».

(MONTESQUIEU.)

NOTE 25. (Page 47.)

Sur les Sépultures.

L'Institut national avait proposé, dans sa séance du 26 germinal dernier, un prix pour celui qui traiterait le mieux cette question : *Quelles sont les cérémonies à faire pour les funérailles et le réglement à adopter pour le lieu de la Sépulture.*—Le C. Mulot, ex-législateur, qui a partagé le prix avec le citoyen *Amaury Duval*, a présenté des vues que nous ne saurions trop recommander au Gouvernement, et dont l'adoption doit faire enfin substituer, par une bonne législation sur les funérailles, des institutions décentes, morales et salutaires aux usages trop peu convenables qui s'étaient introduits parmi nous depuis quelques années.

(Voyez les Nos. 18 et 47 du *Journal Officiel.*)

NOTE 26. (Page 47.)

Projet de Fêtes nationales.

Quelle cause de prospérité pour la Grèce, dit Montesquieu (*a*), *que des jeux qu'elle donnait, pour ainsi dire, à l'univers; des temples où tous les rois envoyaient des offrandes; des fêtes, où l'on s'assemblait de toutes parts; des oracles qui faisaient l'attention de toute la curiosité humaine; enfin, le goût et les arts portés à un point, que de croire les surpasser, sera toujours ne les pas connaître.*

Un ami de la liberté, proscrit pendant six ans, et dont l'imagination, au sein même de ses malheurs, s'occupait des moyens d'embellir et de faire prospérer sa patrie, m'avait parlé, il y a près d'une année, d'un mode d'organisation des fêtes nationales, vraiment digne de la gloire de la République Française, et destiné à ouvrir pour elle des nouvelles sources de richesses. Il m'a autorisé à m'approprier et à développer ses idées à cet égard, et à y ajouter les miennes. Je les soumets au Gouvernement et à tous les bons citoyens.

Célébrer, toutes les années, une fête solemnelle, lui donner un but grand et utile; en varier le théâtre et l'objet, de manière que les différentes parties du sol Français et les différentes branches de l'industrie humaine fixent tour-à-tour plus spécialement les regards de la Patrie, et attirent les

---

(*a*) Esprit des Lois, liv. 21, chap. 7.

étrangers dans son sein ; consacrer par-là le principe de l'indivisibilité de la République ; donner alternativement des encouragemens publics à l'agriculture, au commerce, à la marine, à la valeur guerrière, aux vertus, aux talens et aux arts : telle est la pensée, féconde en résultats et susceptible d'un grand nombre de modifications, dont nous allons offrir les développemens et les moyens d'exécution.

Une *première année* appelle tous les Français aux FÊTES CÉRÉALES, qui durent quinze jours. Elles ont lieu dans le Midi, et tour-à-tour à *Lyon*, *Marseille*, *Montpellier*, *Toulouse*, *Bordeaux*, etc. Les productions de l'agriculture, de l'industrie et des arts y sont réunies, des prix distribués ; un Consul y préside.

L'*année suivante*, on se rend aux FÊTES PASTORALES, qui sont célébrées dans une ville de l'intérieur de la France, et tour-à-tour à *Clermont*, *Dijon*, *Bourges*, *Orléans*, etc. La laine, la soie et les productions des manufactures nationales y sont vendues. On décerne des honneurs et des prix aux laboureurs, aux manufacturiers, aux artisans. Un Consul préside aux exercices et aux jeux.

La *troisième année*, les FÊTES NAVALES sont annoncées. Le vaste bassin de *Brest* reçoit une escadre. Des combats simulés exercent nos marins. On proclame les noms de ceux qui se sont signalés, qui ont sauvé la vie à quelques-uns de leurs compagnons, des constructeurs les plus habiles ; on leur décerne des récompenses. Un Consul préside aux cérémonies. — Les ports de l'*Orient*, *Nantes*, *Rochefort*, *Toulon*, *Dunkerque*, sont aussi tour-à-tour les théâtres des *fêtes navales*.

La *quatrième année*, le Nord voit célébrer les FÊTES MILITAIRES à *Lille*, *Gand*, *Luxembourg*, *Bruxelles*, etc. Le laurier couronne les fronts des vainqueurs. Les tributs du commerce et de l'industrie sont étalés au milieu des trophées de la victoire. On chante les héros et les succès de la République. Un Consul préside et distribue les prix.

Enfin, *tous les cinq ans*, *Paris*, le centre de l'Empire et la ville des arts, appelle dans son sein les habitans de tous les départemens et les étrangers. C'est l'époque des FÊTES NATIONALES. La poésie, la musique, l'éloquence, la peinture, la sculpture, la mécanique, la gymnastique viennent déployer leurs prodiges, et, pour ainsi dire, lutter entr'elles aux yeux de la nation. Le concours est ouvert. Les spectacles étalent une magnificence imposante et solemnelle. Les vertus et les talens sont couronnés. Les produits des manufactures Françaises sont réunis et attestent les progrès de l'industrie. De jeunes filles pauvres sont mariées aux frais du trésor public et en présence du peuple. On distribue des prix dans tous les genres, et les cérémonies sont présidées par le premier Consul.

Ainsi revivent les jeux Olympiques et les beaux jours d'Athènes. Ainsi, d'année en année, le retour périodique des fêtes anime et vivifie les points les plus opposés de la France. Chaque ville populeuse devient à son tour une capitale : chaque partie de l'Etat devient le théâtre d'un grand marché national, d'un concours immense de citoyens et d'étrangers, et un centre de commerce et de puissance. Ainsi les cultivateurs, les négocians, les marins, les soldats, les ouvriers, les artistes dans tous les genres, les Phidias, les Sophocle, les Démosthènes, les Apelles sentent s'allumer dans leur sein le feu de l'émulation, et la passion de la gloire. La liberté, les arts, sous les auspices de la paix et du bonheur public, reçoivent les hommages du grand Peuple, et l'Europe vient assister à ses fêtes et payer tribut à sa magnificence et à sa prospérité.

(Voyez l'intéressant travail de MIRABEAU *sur les fêtes publiques.*)

NOTE 27. (Page 49.)

Observation.

Toute la partie du *parallèle entre la France Monarchique et la France Républicaine*, qui embrasse l'examen des avantages et des désavantages de l'*ancienne France*, sous le rapport de l'économie politique, n'est qu'une analyse de l'ouvrage du chevalier Nickolls, cité dans la note 11. — On a mieux aimé s'exposer au reproche de s'être traîné sur les traces de cet auteur estimable, que de sacrifier des vues utiles et lumineuses, qui trouvaient naturellement leur place dans un coup-d'œil sur l'administration intérieure et sur les améliorations à y introduire. L'amour du bien doit toujours passer avant les considérations de l'amour-propre, et l'amour-propre lui-même doit céder au respect pour la vérité. Je restitue donc avec joie à l'écrivain anglais l'honneur et la priorité des idées que je lui ai empruntées et dont je desire que le Gouvernement ne dédaigne pas d'essayer l'application.

NOTE 28. (Page 54.)

Sur l'inégale distribution des richesses.

« La distribution des richesses est mal ordonnée dans un Etat, quand on voit les propriétaires des terres occuper à la ville des palais somptueux, tandis que leurs châteaux, leurs fermes, leurs villages tombent en ruine ; quand les denrées sont sans consommation dans les provinces, parce qu'on ne reste dans ses terres que le tems qu'il faut pour recueillir de quoi vivre à la ville ; quand un royaume fertile manque de bled, parce que le laboureur est forcé, par la pauvreté, de venir à la ville servir les besoins et les fantaisies de l'homme riche ; enfin, quand il ne reste plus à l'homme riche d'autre manière de luxe, que celle de consommer sans mesure en meubles de toute sorte, l'or et l'argent qui manquent à la culture des terres ».

(NICKOLLS.)

NOTE 29. (Page 55.)

De la Religion.

Quelques rapprochemens des opinions de divers écrivains sur la religion ne seront peut-être pas ici sans intérêt pour nos lecteurs :

« Il importe bien à l'Etat, dit J. J. Rousseau (*a*), que chaque citoyen ait une religion qui lui fasse aimer ses devoirs ; mais les dogmes de cette religion n'intéressent ni l'Etat ni ses membres, qu'autant que ces dogmes se rapportent à la morale et aux devoirs que celui qui la professe est tenu de remplir envers autrui. Chacun peut avoir au surplus telle opinion qu'il lui plaît, sans qu'il appartienne au Souverain d'en connaître. . . (Dans la République, chacun est parfaitement libre en ce qui ne nuit pas aux autres.)

» Les dogmes de la religion civile doivent être simples, en petit nombre, énoncés avec précision, sans explications ni commentaires. L'existence de la divinité puissante, intelligente, bienfaisante, prévoyante et pourvoyante, la vie à venir, le bonheur des justes, le châtiment des méchans, la sainteté du contrat social et des lois : voilà les dogmes positifs. Quant aux dogmes négatifs, je les borne à un seul ; c'est l'intolérance. . . ».

Machiavel, en déclarant que le mépris absolu de la religion est le signe le plus certain et la cause inévitable de la ruine des empires (*b*), développe à la

---

(*a*) *Contrat Social*, liv. 4, chap. 8.

(*b*) *Discours sur Tite-Live*, Liv. 1er., chap. 11 et 12.

fois les grands avantages que, dans les tems anciens, la République Romaine sut tirer de ses principes religieux pour son esprit national, sa puissance et sa gloire, et les maux immenses qu'a causés, dans ces derniers tems, l'église Romaine, qu'il prévoit dès-lors être *voisine de sa chûte*, ou des plus grands orages.

L'illustre auteur de *l'Esprit des Lois* prétend (*a*) que « la religion catholique convient mieux à une monarchie et que la protestante s'accommode mieux d'une République ».

Voyez aussi, dans les ch. 8, 9 et 10 du livre 24, *sur l'accord des lois de la morale avec celles de la religion*, quels étaient les points principaux de la religion de ceux de *Pégu*, et des *Esséens*, et ce que pense *Montesquieu* de la *secte des Stoïciens*, *qui seule savait faire les citoyens, les grands hommes, les grands empereurs*.

Enfin, *Frédéric* (*b*), en professant que *la religion est absolument nécessaire dans un Etat*, croit que *la plus entière indifférence à cet égard de la part du Gouvernement est le plus sûr moyen d'écarter le fanatisme*. — Il faut, dit-il, s'en tenir à la tolérance.

Telle a été aussi l'opinion des législateurs des Etats-Unis d'Amérique (*c*). — « Toutes les religions

---

(*a*) *Esprit des Lois*, Liv. 24, chap. 6.

(*b*) *Matinées du Roi de Prusse*, 2ème. matinée, page 10.

(*c*) *Histoire Politique et Philosophique de la Révolution de l'Amérique Septentrionale*, par les citoyens J. Chas et le Brun, pag. 407 et 453.

y sont tolérées, toutes les sectes protégées. Cette tolérance enchaîne la superstition et fait chérir les lois saintes de l'humanité. Que le catholique ait ses églises, le protestant ses temples, le juif ses synagogues, l'indien ses pagodes, le musulman ses mosquées, l'état social ne sera point troublé par ces dissentions religieuses qui enfantent la haine et les persécutions »...

Dans les articles additionnels de la Convention Fédérale des Etats-Unis, on lit cette disposition, art. 3. « le Congrès ne fera aucune loi regardant un établissement de religion, soit en prohibant son libre exercice, soit en diminuant la liberté d'énoncer ses opinions »...

NOTE 30. (Page 56.)

Sur l'ambition, considérée comme ressort politique.

« L'ambition produit des vices ou des vertus, suivant qu'elle change d'objet. Ame de la République, il est des circonstances où elle la soutient par les dissentions qu'elle fait naître, comme il en est d'autres où elle n'engendre que des dissentions funestes. Il n'est pas à désirer que les dissentions de toute espèce soient absolument étouffées : il s'agit seulement de régler l'ambition qui les cause...

» L'ambition est toujours bien réglée, lorsqu'elle ne se porte qu'aux honneurs que la République dispense. Car alors, on préfère la patrie à tout, et on regarde les premières magistratures, comme le plus haut dégré de la fortune. Les contendans formeront,

à

à la vérité, des partis; mais ils acquerront des talens pour mériter les suffrages.

» Obéir aux Magistrats, respecter les lois, aimer la patrie, n'avoir qu'une ambition honnête, ignorer le luxe destructeur et tous les vices qu'il engendre : voilà ce qui fait les bonnes mœurs.

» Une République est heureuse, lorsque les citoyens obéissent aux Magistrats et que les Magistrats respectent les lois. Elle ne peut s'assurer de cette obéissance et de ce respect, qu'autant que, par sa constitution, elle confond l'intérêt particulier avec le bien général ».

(CONDILLAC.)

NOTE 31. (Page 68.)

Sur deux écrits du citoyen Chaptal, Ministre de l'intérieur.

Voyez *l'Essai sur le perfectionnement des arts chymiques en France, et le rapport et le projet de loi sur l'instruction publique*, par le citoyen *Chaptal*, qui a développé dans ces deux écrits des vues également saines et judicieuses sur les moyens d'exciter et de diriger le génie national, de relever et d'activer les ateliers et les manufactures, de placer la France au premier rang des nations manufacturières et commerçantes, d'opposer un contrepoids à la puissance Anglaise, de créer sur le sol Français des hommes et des citoyens, de les employer de la manière la plus utile à la Patrie, et d'asseoir le Gouvernement et la République sur des bases solides et impérissables.

Espérons que l'homme estimable, qui a déjà, comme citoyen, médité avec tant de fruit sur ces importans objets, réalisera, comme Ministre, les projets heureux qu'il a conçus, et que l'époque de son administration, favorisée par le retour de la paix, sera celle d'une organistion définitive et si long-têms attendue de l'éducation nationale et d'une restauration complète des principales branches de la prospérité publique.

NOTE 32. (Page 70.)

Il faut distinguer les inconvéniens essentiels d'une institution, de ceux qui ne viennent que de l'abus de cette institution.

(STEUART, Economie politique.)

« C'est mal raisonner contre la religion, dit Montesquieu (*a*), (et on peut en dire autant de la révolution et de la République), que de rassembler dans un grand ouvrage une longue énumération des maux qu'elle a produits, si l'on ne fait de même celle des biens qu'elle a faits. Si je voulais raconter tous les maux qu'ont produits dans le monde les lois civiles, la monarchie, le Gouvernement Républicain, je dirais des choses effroyables ».....

Tout a son bon et son mauvais côté sur la terre. L'homme, qui a plus d'imagination que de raison, n'envisage un objet que sous un rapport, et n'en voit

---

(*a*) Esprit des Lois, Liv, 24, chap. 2.

que les avantages ou les inconvéniens, qu'il s'exagère encore, en les considérant par abstraction. L'homme juste et impartial pèse et compare le bien et le mal et asseoit son opinion sur une connaissance exacte des différens rapports de l'objet qu'il veut apprécier.

NOTE 33. (Page 74.)

Sur les évènemens qui ont préparé la Révolution Française.

Outre les causes prochaines et particulières à la France, qui ont directement influé sur sa révolution, il en est de plus éloignées, qui la préparaient depuis long-tems et auxquelles il est intéressant de remonter.

L'accroissement du système colonial et maritime de l'Europe, par la découverte de l'Amérique; Cromwel fondant, par l'acte de navigation, la puissance navale de l'Angleterre, et unissant la force extérieure de l'Etat et l'intérêt commercial de la nation; le traité de Westphalie; la formation et la civilisation de l'Empire Russe, par Pierre-le-Grand; la Prusse élevée au rang des premières Puissances de l'Europe, par Frédéric; les autres Gouvernemens, à son exemple, adoptant la manie de l'augmentation des troupes de terre, de l'accroissement des impôts, du recrutement, de la thésaurisation; l'envahissement et le partage de la Pologne par la Russie, l'Autriche et la Prusse, évènement qui, en portant une atteinte positive aux droits des nations, et en rompant l'ancien équilibre de l'Europe, a donné le premier exemple des innovations politiques, qui ont résulté de la guerre de la révolution ; — Telles sont les causes que l'auteur de l'écrit intitulé : *Situation de la France à la fin de l'an* 8, assigne aux changemens que le droit public de l'Europe a éprouvés depuis cent cinquante ans, et au caractère de la révolution et de la guerre, qui viennent de fermer le dix-huitième siècle.

Il ajoute cette observation, que, pour prévenir des guerres et des secousses nouvelles, pour empêcher que l'état de paix ne serve à préparer des moyens d'oppression, pour garantir et consolider la pacification générale, par la sécurité respective des Puissances Européennes ; il est moins dans l'intérêt de chacune d'elles d'étendre son système militaire et maritime, que de le perfectionner. Elles doivent s'entendre pour que chaque Gouvernement se tienne dans les bornes exactes d'une défense légitime, et surveiller, les unes chez les autres, les recrutemens, l'augmentation des troupes de terre, l'accroissement des impôts et la thésaurisation.

Nous devons aussi indiquer à nos lecteurs le discours du citoyen *Ponce*, qui a obtenu le prix d'histoire, proposé par l'Institut national, sur cette question : *Par quelles causes l'esprit de liberté s'est-il développé en France, depuis François premier jusqu'en* 1798 ? — L'auteur distingue quatre époques, qui lui paraissent avoir préparé et amené progressivement notre revolution.

La *première époque*, consacrée par les noms de Léon X, de François premier, de Luther et de Christophe Colomb, est celle de la renaissance des lettres en Europe, de l'établissement du protestantisme et de la découverte du nouveau monde.

La *seconde époque* présente le prodige d'un petit nombre de pêcheurs *Bataves*, qui, par leur constance et leur courage, surent conquérir et maintenir leur indépendance, malgré la politique machiavélique et sanguinaire du fanatique Philippe II.

Le citoyen *Ponce* peint à grands traits, dans la *troisième époque*, la révolution étonnante et mémorable de l'Angleterre; Charles premier précipité du trône, et le règne plus brillant qu'heureux de Louis XIV.

Enfin, la *quatrième époque* rappelle la guerre intéressante de l'Amérique, qui a été l'école où se sont formés plusieurs de nos guerriers républicains, et qui a excité en France cet enthousiasme pour la liberté, l'un des puissans mobiles de la révolution.

(Voyez l'analyse du Discours du citoyen *Ponce*, dans le n°. 136 du *Journal Officiel.*)

NOTE 34. (Page 80.)

Sur la réaction de Naples et sur les Napolitains réfugiés.

« L'Italie désolée et tous les jours éprouvant

de nouveaux malheurs, ses villes ruinées et saccagées..... la mer couverte d'exilés, les écueils teints de sang..... des guerres civiles et extérieures..... un règne ensanglanté par des cruautés sans nombre ; la noblesse, la richesse, les honneurs et par-dessus tout la vertu imputés à crime ; les accusateurs payés et récompensés ; des esclaves corrompus devenus les délateurs et les assassins de leurs maîtres ; des affranchis s'élevant contre leurs patrons ; ceux qui n'eurent pas d'ennemis, opprimés par leurs amis... (a) ».

En lisant ce tableau des règnes des empereurs, que nous offrent Tacite et Machiavel, ne se croit-on pas transporté sur le sol Napolitain, au moment des exécutions sanglantes et des barbaries de toute espèce, auxquelles présidaient les ministres du cabinet Anglais ?

Une capitulation solemnelle (b), signée par les commandans Français, Russe, Anglais, Turc et

---

(a) *Discours sur Tite-Live*, livre 1er., chap. 10.

(b) Voyez la capitulation des Forts Neuf et de l'Oeuf, conclue à Naples, en date du 4 messidor an 7, entre les Commandans Français et Napolitain d'une part, et de l'autre, les Chefs des troupes alliées ; savoir : le Commandant Anglais, le Commandant en chef des troupes de S. M. l'Empereur de toutes les Russies, le Commandant des troupes de la Porte Ottomane, le Cardinal Ruffo, vicaire général du Royaume de Naples, et le chevalier Micheroux, Ministre plénipotentiaire du Roi des Deux-Siciles. — Voyez aussi la capitulation du fort Saint-Elme, en date du 22 messidor an 7.

Napolitain, mettait les patriotes de Naples à l'abri de toute poursuite pour cause d'opinions, de toute confiscation de biens, de toute proscription politique.

Et cependant, cette capitulation n'a cessé d'être déchirée et violée par une suite non interrompue de persécutions, de déportations et de supplices, qui ont effrayé toute l'Europe et couvert de deuil et de sang, pendant dix-huit mois entiers, les contrées les plus favorisées de la nature.

L'éloquente et sensible Miss *Williams* a tracé en caractères de feu ces forfaits et ces malheurs, dont il est utile de prolonger le souvenir dans les siècles reculés, pour en prévenir le retour par l'horreur qu'ils inspirent.

Il n'échappera pas à l'histoire ce contraste frappant de la révolution et de la contre-révolution de Naples, dont l'une, faite sous les auspices du brave et loyal *Championnet*, après la fuite du roi et la désertion de son armée, avait offert le spectacle, nouveau peut-être dans l'histoire, d'une *monarchie* devenue *République*, sans aucune secousse, sans une seule mesure violente, sans une arrestation arbitraire, sans terreur, sans échaffauds; et dont l'autre, qui n'aurait dû ramener qu'un Gouvernement pacifique et paternel pour concilier et rapprocher les esprits, a été signalée, au contraire, sous les auspices des agens Anglais, par tous les excès du terrorisme royal, par toutes les fureurs et par tous les crimes.

Aujourd'hui, l'espérance des malheureux réfugiés, qui promènent encore leur vie errante .. précaire, sans foyers et sans patrie, est uniquement dans la générosité et la magnanimité personnelles de Bonaparte, et dans la loyauté du Gouvernement Français et de l'Empereur de Russie, qui sans doute interposeront leur influence et l'autorité de leur caractère pour exiger la stricte exécution des articles du traité auquel ils ont concouru par leurs représentans. Les déportés seront du moins admis à rentrer dans leurs biens : ils auront la faculté de les vendre et d'aller, sous un autre ciel, oublier leurs pertes cruelles et leurs longues infortunes.

L'article 9 de l'armistice conclu entre la République Française et le Roi des Deux Siciles (*a*) indique, à cet égard, les intentions formelles du Gouvernement Français, qui seront puissamment secondées par la Russie. Mais des conditions positives et bien déterminées devront prévenir tout subterfuge et toute violation nouvelle du traité par la cour de Naples : l'influence de Bonaparte et de Paul Ier. aura seule ramené quelqu'ombre de calme et de sécurité dans ces contrées si long-tems malheureuses.

(*a*) N°. 174 du Moniteur, 24 ventôse.

Voici le texte de l'article 9 précité :

Tout tribunal de rigueur étant aboli dans le royaume des Deux-Siciles, Sa Majesté s'engage de faire droit aux recommandations du Gouvernement Français, dans ses négociations pour la paix définitive, pour stipuler les intérêts des personnes détenues ou émigrées pour cause d'opinion.

NOTE 35. (Page 81.)

Extrait de la Conspiration Anglaise.

Dans une lettre de *Hyde* au Comte d'*Artois*, en date du 13 nivôse an 8 (page 79 du Recüeil de pièces, déjà cité dans la note 9), on lit le passage suivant :

Après avoir présenté comme vérité de fait, que, pour la France fatiguée, la paix tiendrait lieu de liberté, et que la royauté, avec l'ombre même de la paix, serait favorablement accueillie ; le correspondant royal ajoute : « qu'il serait essentiel que son Altesse (le Comte d'Artois) pût offrir, à côté d'une proclamation, pour faire la guerre *aux Français en révolte contre l'autorité légitime*, les bases d'un traité de paix définitive avec les *Français soumis*.

« Si ces bases pouvaient être assises de manière à honorer même le courage des soldats républicains, en ne sacrifiant pas entièrement leur ouvrage, point de doute qu'elles ne produisissent sur eux un excellent effet.... *Les militaires ne veulent pas être pardonnés*. Ils veulent être regardés comme ayant servi utilement la France, en admettant même le retour de la royauté. Ce calcul, *un peu faux sans doute*, peut avoir cependant son point de vérité ; et, en tout cas, *il sera bien urgent de le* FAIRE CROIRE ».

Guerriers républicains, fiez-vous ensuite aux promesses de la royauté.

NOTE 36. (Page 86.)

Sur la contre-police royale, déjouée par la police républicaine.

Le plan de l'expédition d'Irlande, sous le Directoire Exécutif, avait été acheté par les agens Anglais à Paris et envoyé à Londres, deux jours avant d'être transmis au général Français chargé de l'exécution.

On trouve, dans une lettre de *Hyde* à *Honoré* (le comte d'Artois), en date du 23 nivôse an 8 (13 janvier 1800), le passage suivant :

« Son Altesse verra, par l'extrait des rapports qui nous sont faits par notre contre-police, qu'elle est organisée de manière à nous donner tous les renseignemens que nous pouvons désirer. Les rapports faits sur la marine et que nous transmettons aujourd'hui ..... seront également précieux pour *Durand* (le ministère anglais) ». — Voyez pag. 82 du Recueil des Pièces de la *Conspiration Anglaise*.

Voyez aussi, pag. 66 du même Recueil, *le projet pour l'enlèvement du port de Brest*, et, dans différentes lettres, la surveillance exercée par la contre-police sur les courriers et les voitures publiques, pour s'emparer des sommes qui leur étaient confiées, et fournir ainsi à plusieurs dépenses secrettes.

Voyez enfin, dans le n.º 132 du *Journal Officiel* (12 pluviôse an 9), le rapport du Ministre de la Police Générale aux Consuls, sur la découverte des auteurs de l'attentat du 3 nivôse.

Une impartialité sévère dans les recherches, et un instinct secret de la part du Gouvernement, servent à remonter à la véritable source des conspirations, et à suivre, pour ainsi dire, toutes les traces de ceux qui les ont ourdies. — On doit de justes éloges, sous ce rapport, à la manière active et sûre dont le Ministre de la Police *Fouché* a éclairé jusqu'à présent toutes les trames obscures des ennemis de la République et du Gouvernement; il a obtenu ce résultat que, dans le courant des six premiers mois de l'an 9, les principaux chefs de toutes les bandes errantes de brigands et d'assassins, ont été arrêtés dans presque tous les départemens; et les ramifications invisibles de la chouannerie, qui tendaient à couvrir tous les points de la France, ont été coupées et détruites.

FIN.

De l'Imprimerie de J.B. HÉRAULT, Imprimeur des Subsistances Militaires, rue de Harlay au Marais, n°. 337.

www.ingramcontent.com/pod-product-compliance
Ingram Content Group UK Ltd.
Pitfield, Milton Keynes, MK11 3LW, UK
UKHW031842260826
14628UKWH00002B/544

9 782019 128692